W0085044

MIX
Papier aus verantwor-
tungsvollen Quellen
FSC® C089473

Dieses Buch ist erhältlich als:
ISBN 978-3-407-74790-7 (Print)

Für Buch inkl. Lieder-CD
© 2017 Gulliver
in der Verlagsgruppe Beltz · Weinheim Basel
Werderstraße 10, 69469 Weinheim
Alle Rechte vorbehalten
Illustrationen: Leonard Erlbruch
Lektorat: Carolin Eichenlaub
Neue Rechtschreibung
Einbandgestaltung: Leonard Erlbruch
Notentranskription: Volker Bals
Notensatz: Susanne Höppner, Neukloster
Layout, Satz und Herstellung: Elisabeth Werner
Druck und Bindung: Beltz Bad Langensalza GmbH, Bad Langensalza
Printed in Germany
1 2 3 4 5   21 20 19 18 17

Für die Lieder-CD
Musik und Gesang: Martin Lenz
Schulchor der Grundschule Winterlingen, Leiterin: Birte Letsch
Kinderchor Liederkranz Lautlingen, Leiterin: Birgit Reinauer
Gastsängerin: Jasmin Lubinsky
CD-Herstellung: digiCon AG Presswerk

Weitere Informationen zu unseren Autoren und Titeln finden Sie
unter: www.beltz.de

Manfred Mai und **Martin Lenz**

»In unserer Straße ist immer was los«

Kindergeschichten und Kinderlieder aus der Sonnenbachstraße

Mit Illustrationen von Leonard Erlbruch

GULLIVER
von BELTZ & Gelberg

Inhalt

Wie eine Familie

»Mama! Papa!«, ruft Sophie schon zum zweiten Mal. Sie steht an der Haustür und kann es kaum erwarten, bis ihre Eltern kommen. Denn heute ist ein ganz besonderer Tag: In der Sonnenbachstraße wird das Frühlingsfest gefeiert.

Endlich kommt Papa mit einer großen Schüssel Nudelsalat aus der Küche. »Jetzt kann's losgehen«, sagt er. »Machst du mir bitte die Tür auf?«

»Wo ist Mama?«

»Hier.« Sie trägt zwei prall gefüllte Leinentaschen.

»Warum braucht ihr immer so lange?«, fragt Sophie vorwurfsvoll. »Die andern sind bestimmt alle schon da.«

»Deswegen reden wir jetzt nicht mehr lange, sondern gehen los«, sagt Papa.

Mitten auf der Straße stehen Tische, Bänke und Stühle. Alle Anwohner bringen etwas zu essen und Getränke mit. Und Herr Singer hat wie jedes Jahr im Vorgarten einen Grill aufgestellt. Er ist der Grillmeister der Sonnenbachstraße und grillt alles, egal ob Fleisch, Würste, Käse, Maiskolben, Kartoffeln, gefüllte Paprika oder Gemüsespieße.

Alle Kinder und Erwachsenen sind dabei – alle, bis auf einen: Herr Beierlein fehlt. Er hält solche gemeinsamen Feste für »dummes Zeug und völlig überflüssig«. Da sind die anderen Anwohner ganz anderer Meinung. Sie sitzen gern beisammen und lassen sich die Köstlichkeiten schmecken.

Nach dem Essen spielen die Kinder verstecken. Nur Sophie füttert heimlich die Katze Maya von Familie Lenzmaier. Sophies Mama entdeckt die beiden. »Was machst du denn da?«, fragt sie.

»Maya hat auch Hunger«, antwortet Sophie.

»Aber du brauchst doch nicht unter dem Tisch zu sitzen, wenn du ihr etwas zu essen geben willst.«

»Ihr sagt ja immer, man soll fremde Tiere nicht füttern!«, verteidigt sich Sophie.

»Das soll man auch nicht«, erwidert ihre Mama. »Aber Maya ist ja nicht fremd.«

»Genau«, sagt Sophie und streichelt Maya, die zufrieden schnurrt.

Wie immer, wenn sie beisammensitzen, holt Herr Lenzmaier seine Gitarre, beginnt zu spielen und zu singen. Einige summen und singen mit.

Frau Lepski schaut zum Mehrfamilienhaus hinüber und sagt zu Frau Weiß: »Ich warte nur darauf, dass Herr Beierlein das Fenster öffnet und ruft, wir seien zu laut.«

»Das kann ich mir nicht vorstellen. Wir sind doch wirklich nicht laut und stören niemanden«, meint Frau Weiß.

»Ihn schon«, erwidert Frau Lepski. »Ihr kennt ihn noch nicht, weil ihr erst seit Kurzem hier wohnt. Herrn Beierlein stört schon, dass wir überhaupt da sind.«

»Schade. Ich finde es so schön, dass hier in der Straße alle so freundschaftlich miteinander umgehen«, sagt Frau Weiß. »Fast wie in einer großen Familie«, fügt sie noch hinzu.

Herr Lenzmaier stimmt wieder ein Lied an. Da kommen die Kinder angelaufen und Joshua zupft seinen Papa am Ärmel.

»Was ist denn?«

Joshua flüstert ihm etwas ins Ohr.

»Klar, wenn ihr alle da seid, legen wir los«, sagt Herr Lenzmaier.

Die Kinder stellen sich in einem Halbkreis um ihn herum. Langsam verstummen die Gespräche der Erwachsenen.

»Was kommt denn jetzt?«, fragt Frau Ivanovic.

»Eine Überraschung!«, ruft Joshua.

»Die Kinder haben zusammen mit mir ein Lied gemacht, das sie heute für euch singen möchten«, sagt Herr Lenzmaier und spielt die ersten Noten an:

Unsere Straße

1. He, Leu - te, hört mal gut zu, __ wir er - zäh-len euch was: __

__ Wir __ Kin-der von der Son-nen-bach-stra - ße, wir

ha - ben sehr __ viel Spaß. __ Es gibt nur __

sel - ten __ Streit, __ da-für wird viel ge - lacht, __ und __

manch-mal wird na-tür - lich auch Qui-, Que-, Quatsch __ ge - macht. __

__ In uns-rer Stra-ße, __ schnipp, schnupp, schnapp, __ in uns-rer

Stra - ße __ geht im-mer was ab, das ist der Wahn-sinn, weil

im - mer was geht, hier ist es spit - ze,___ weil die

Zeit nie - mals steht. In uns - rer Stra - ße___ ist

im-mer was los, wir sind zu-sam-men,_ ob klein o - der groß._

2.

Die Straße von der Kita zum Bach ist unsere Welt,

hier gibt es für uns Kinder alles, was im Leben zählt:

Platz zum Spielen, gute Freunde, nette Menschen und noch mehr.

Deshalb mögen wir die Straße, in der wir leben, auch so sehr.

Refrain

Die Erwachsenen klatschen kräftig. »Zugabe! Zugabe!«, rufen sie.

Die Kinder freuen sich, und auf ein Zeichen von Herrn Lenzmaier singen sie den Refrain noch mal.

Wieder bekommen sie viel Beifall.

Frau weiß schüttelt staunend den Kopf. »Das ist …« Ihr fehlen die Worte.

»Das ist wirklich ein tolles Lied!«, lobt Herr Seifert die Kinder. »Damit könnt ihr im Fernsehen auftreten.«

»Das wär cool, so wie die Superstars«, sagt Felix.

»Würdet ihr dann überhaupt noch auf unserem Straßenfest singen wollen?«, fragt Frau Hofer.

»Klar«, antwortet Felix. »Weil es hier am schönsten ist.«

Toffelnüse

Papa Singer geht mit Paul auf dem Arm vors Haus und schaut in Richtung Kita. Paul zappelt und windet sich, weil er runter möchte.

»Nicht so wild!«, sagt Papa und stellt ihn auf den Boden.

Sofort watschelt Paul los. »Emi Kita, Emi holen«, brabbelt er und klatscht dazu in die Hände.

»Freust du dich, wenn Emilie kommt?«, fragt Papa.

»Emi tommt, Emi tommt!«, gluckst er strahlend und watschelt weiter.

Weil Paul es kaum erwarten kann, seine Schwester zu sehen, watschelt er schneller und stolpert.

Papa erwischt ihn gerade noch am rechten Arm. »Langsam, langsam, junger Mann! Sonst tust du dir noch weh.«

»Weh«, wiederholt Paul und macht dazu ein trauriges Gesicht.

In diesem Augenblick kommen Emilie und Lea angelaufen.

»Hallo, Papa! Hallo, Paul!«, ruft Emilie schon von Weitem und landet in Papas offenen Armen.

»Hallo, mein Schatz!«, sagt er. »Na, alles klar?«

Emilie nickt. »Lass mich runter!«

»Emi Kita, Emi holen«, brabbelt Paul. »Und Lea holen.«

Emilie und Lea nehmen Paul auf dem kurzen Weg zum Haus in die Mitte und heben ihn mehrmals hoch. Das gefällt ihm, er lacht und strahlt.

Vor dem Doppelhaus verabschieden sich die Mädchen – bis zum Nachmittag.

»Wo ist Mama?«, fragt Emilie, als sie in der Wohnküche steht, wo Papa das Mittagessen schon vorbereitet hat.

»Den ganzen Tag in Frankfurt«, antwortet Papa, während er Emilies Teller mit klein geschnittenen Kartoffeln und buntem Gemüse füllt.

»Warum den ganzen Tag?«

»Weil die Tagung bis heute Nachmittag dauert.« Mit einer Gabel zerdrückt Papa für Paul Kartoffeln zu Brei. »Das hat Mama dir doch gestern erklärt.«

Paul schaut ihm gespannt zu. Er macht schon Kaubewegungen mit dem Mund und scheint es kaum noch erwarten zu können, bis Papa ihn füttert. Gerade als er Paul den ersten Löffel in den Mund schiebt, ertönt draußen die Melodie von Papas Handy.

»Moment«, sagt Papa, legt den Löffel weg und steht auf. »Ich bin gleich wieder da.«

Paul schaut ihm hinterher. »Papa Handy.«

»Ja, Papa telefoniert«, sagt Emilie und schiebt ein Stück Kartoffel in den Mund.

»Toffel essen«, brabbelt Paul.

»Du musst warten bis Papa wiederkommt.«

Aber Paul will nicht warten. Er zieht den Teller näher zu sich und greift nach dem Löffel.

»Du kannst noch nicht allein essen«, sagt Emilie.

»Toffel essen, leine!«, widerspricht Paul energisch und stößt den Löffel schwungvoll in den Kartoffelbrei, von dem ein Klacks auf dem Tisch landet.

»Du Ferkel!«, sagt Emilie.

»Du Feltel«, brabbelt Paul ihr nach und will den Löffel in den Mund schieben. Aber der landet unter dem rechten Auge.

Emilie lacht. Und wenn sie lacht, muss Paul auch lachen.

Dann schaut er auf den Löffel in seiner Hand, scheint kurz zu überlegen und startet den nächsten Versuch. Diesmal landet der Löffel im Gemüse. Auf dem Weg zum Mund fallen zwei Erbsen hinunter und rollen über den Tisch. Das findet Paul so lustig, dass er vor Freude jauchzt.

Emilie zögert einen Augenblick, dann fischt sie zwei Erbsen aus ihrem Teller und lässt sie auch über den Tisch rollen.

»Emi Feltel«, sagt Paul und füllt den nächsten Löffel.

Bis Papa vom Telefonieren zurückkommt, sind beide Teller leer. Und Paul ruft ihm entgegen: »Toffelmüse essen, leine!«

Als Papa die Bescherung sieht, ist er sprachlos.

»Toffelmüse essen, leine«, wiederholt Paul.

Emilie nickt. »Ich hab ihn nicht gefüttert, er hat ganz allein gegessen.«

»So, so, ganz allein.« Papa schüttelt den Kopf. Dabei zieht ein Lächeln über sein Gesicht. »Na, wenn das so ist, gehörst du jetzt bald zu den Großen.« Er wuschelt Paul durch die Haare.

»So wie ich«, sagt Emilie.

»Genau!« Papa nickt und drückt Emilie einen Kuss auf die Backe.

»Tuss!«, sagt Paul und spitzt den Mund.

Papa gibt auch ihm einen Kuss. »Jetzt hab ich auch noch etwas von dem Toffelmüse abbekommen«, sagt er lachend.

Alles neu

Am Montagmorgen steht Alkim mit seiner Mama vor der neuen Kita. Erst vor einer Woche ist er mit seiner Familie in das Vierfamilienhaus in der Sonnenbachstraße 12 gezogen.

In Alkims Bauch scheint ein wildes Wesen zu sitzen, das ihn zwickt und zwackt. »Ich will da nicht rein«, murmelt er mit weinerlicher Stimme.

»Aber Alkim, das haben wir doch alles besprochen«, sagt Mama.

»Mir egal! Ich will trotzdem nicht rein!«

»Hier ist es genauso schön wie in deinem alten Kindergarten«, versucht es Mama noch mal. »Sogar noch schöner, weil hier alles neu ist.«

»Aber Cem und Anton sind nicht hier«, erwidert Alkim und spürt das zwickende Wesen in seinem Bauch immer stärker.

»Du findest bestimmt schnell neue Freunde.«

»Ich will keine neuen Freunde, weil Cem und Anton meine Freunde sind«, ruft Alkim schniefend.

Seine Mama atmet hörbar aus, drückt Alkims Hand fester und sagt: »Ich geh doch mit dir hinein und bleibe auch eine Weile da.«

Alkim folgt ihr nur widerwillig.

Drinnen werden sie von einer jungen Erzieherin freundlich begrüßt. »Guten Morgen, Alkim! Schön, dass du da bist. Ich heiße Aylin.« Sie gibt Alkim und seiner Mama die Hand. »Du kommst in unsere Mäusegruppe. Ich bin sicher, es wird dir bei uns gefallen.«

Alkim schaut sie an und denkt: Die ist nett. Dann fragt er: »Bist du türkisch?«

Aylin nickt. »Aber ich bin in Deutschland geboren und aufgewachsen, genau wie du.«

Jetzt nickt Alkim. Das Wesen in seinem Bauch zwickt nicht mehr so fest wie zuvor.

Aylin nimmt Alkims freie Hand. »Komm, ich zeig dir was.«

Einen Augenblick zögert er. Dann lässt er Mamas Hand los und geht mit Aylin zum Gruppenraum der Mäuse. Im Flur direkt neben der Tür hat jedes Kind ein Fach und einen Haken für seine Sachen. Und über dem Haken steht der Name mit einem Bild.

»Schau mal da!«, sagt Aylin zu Alkim. »Weißt du, was das ist?«

»Ein Regenbogen.«

»Richtig! Und darüber steht dein Name. Das ist nämlich dein Fach und da ist ein Haken für deine Jacke und deine Tasche«, erklärt Aylin. »Was meinst du, warum wir für dich den Regenbogen gewählt haben?«

Alkim zieht die Schultern hoch.

Seine Mama beugt sich zu ihm hinunter und flüstert ihm etwas ins Ohr.

»Ist es, weil mein Name … äh … ich weiß nicht genau, aber mein Papa und meine Mama haben mir mal gesagt, mein Name bedeutet Regenbogen oder so ähnlich.«

»Genau!«, sagt Aylin.

Alkims Mama freut sich. »Das ist aber wirklich nett von Ihnen, dass Sie daran gedacht haben.«

»Das habe ich doch gern getan und …«

In diesem Augenblick kommt ein Junge angelaufen, ruft »Guten Morgen, Aylin!« und hängt seine Jacke und seine Tasche an den Haken neben dem von Alkim. Dann stutzt er, guckt Alkim an und fragt: »Bist du der Neue?«

Alkim nickt.

»Komm mit, ich zeig dir alles!«

»Halt, Branko!«, sagt Aylin. »Erst müsst ihr die Straßenschuhe ausziehen!«

Während Branko die Schuhe auszieht, kommen noch mehr Kinder angelaufen und rufen laut durcheinander. Einige starren Alkim an. Das zwickende Wesen in seinem Bauch macht sich wieder bemerkbar.

Aylin geht vor Alkim in die Hocke und ist jetzt fast genauso groß wie er. »Möchtest du deine Schuhe selber ausziehen oder soll ich dir dabei helfen?«

Als Aylin ihn anschaut und mit ihm redet, spürt er das Wesen in seinem Bauch kaum noch. »Helfen«, sagt er.

Aylin öffnet die Klettverschlüsse und zieht ihm die Schuhe aus. Alkims Mama holt seine Hausschuhe aus der Tasche und gibt sie Aylin. »Die kannst du doch bestimmt selber anziehen«, sagt sie.

Alkim nickt, setzt sich auf die Bank und schlüpft in die Hausschuhe. Dann nimmt er Aylins Hand und schaut zu ihr hoch.

»Na, dann wollen wir mal hineingehen, damit du siehst, was wir für tolle Sachen zum Spielen haben«, sagt Aylin.

»Darf ich ihm alles zeigen?«, fragt Branko.

»Wir zeigen es ihm gemeinsam«, erwidert Aylin. »Und was ihm am besten gefällt, damit könnt ihr dann zuerst spielen.«

»Du musst aber mitkommen!«, sagt Alkim zu seiner Mama.

»Natürlich komme ich mit, damit ich die tollen Spielsachen auch sehe.«

An Aylins Hand geht Alkim in den Gruppenraum. Seine Mama bleibt neben der Tür stehen. Es ist ein großer heller Raum mit Tischen, Kuschelecke, Wandschränken, Bücherregal und einer richtigen kleinen Küche. Außerdem gibt es zwei Nebenräume mit Holzspielzeug, vielen Bausteinen, Puppen und Kinderwagen, Kaufladen und Kinderküche.

»Was gefällt dir am besten?«, fragt Branko, nachdem sie einmal durch den großen Raum und die beiden kleinen Räume gegangen sind.

Alkim braucht nicht lange zu überlegen: »Bauen.«

»Mir auch«, sagt Branko und geht in den Nebenraum, wo die Bausteine liegen.

Alkim schaut zu seiner Mama. Sie nickt ihm zu und lächelt.

Aylin geht mit Alkim zu Branko und setzt sich auf den Boden. Sie deutet mit der Hand neben sich und sagt: »Komm, hier ist dein Platz.«

Er setzt sich und fragt: »Baust du mit uns?«

»Jetzt fangen wir mal gemeinsam an«, antwortet sie.

Als sie die ersten Steine für ein Haus aufeinandersetzen, spürt Alkim das Wesen in seinem Bauch zwar noch ein wenig, aber es zwickt nicht mehr.

Da und doch nicht da

Annalena steht am Fenster, schaut zum Himmel hinauf und sieht viele, viele Sterne. Aber etwas vermisst sie dort oben. »Mama, wo ist denn der Mond?«

»Wo soll er sein?«, fragt Mama zurück. Sie holt gerade frische Unterwäsche für Annalena aus dem Kleiderschrank. »Am Himmel oben, wo er immer ist.«

»Da ist kein Mond.«

»Doch, er ist da, ganz bestimmt.«

»Dann zeig ihn mir!«

Mama stellt sich neben Annalena und schaut wie ihre Tochter nach oben. »Heute können wir ihn nicht sehen, aber er ist trotzdem da«, sagt sie.

Annalena guckt sie zweifelnd an.

»Warte einen Moment.« Mama geht hinaus, kommt mit einer Taschenlampe zurück, drückt die Tür zu und löscht das Licht.

»Siehst du mich?«

»Nein.«

»Aber ich bin da«, sagt Mama. »Und ich weiß, dass auch du da bist, obwohl ich dich nicht sehe.«

»Ja, schon …«

Mama knipst das Licht an und wieder aus. »Manches können wir nicht sehen und es ist trotzdem da. So wie du, wie ich und wie der Mond.« Sie schaltet die Taschenlampe an und richtet sie mit ausgestrecktem Arm gegen ihre Beine. »Jetzt siehst du

einen Teil von mir.« Langsam lässt sie das Licht höher wandern, sodass Annalena mehr von ihr sieht.

»So ähnlich ist es mit dem Mond«, erklärt Mama. »Während er seine Bahn um die Erde zieht, treffen ihn mal mehr, mal weniger Sonnenstrahlen. Wenn die Erde genau zwischen der Sonne und dem Mond liegt, treffen ihn gar keine. So wie heute. Dann können wir den Mond nicht sehen, obwohl er da ist.«

Annalena schaut wieder zum Himmel hinauf. »Der Mond ist da und doch nicht da«, murmelt sie. Auch wenn sie ihrer Mama glaubt, so richtig vorstellen kann sie sich das alles nicht. Und jetzt ist sie zu müde, um darüber nachzudenken. Aber morgen will sie ganz genau wissen, wie das mit dem Mond, der Sonne und der Erde ist.

Lieber Mond

1. Wenn die Sonne un-ter-geht,__ tauchst du am Him-mel auf,__ wir

ste-hen auf der Er - de_ und schau-en zu dir_ hi-nauf._ Manch-mal

bist du si-chel-för - mig, manch-mal ku-gel-rund,_ hast ein Ge-

sicht mit zwei Au - gen,_ Na-se und ei-nem Mund._

2. Doch an man-chen Ta - gen, da kön-nen wir dich nicht sehn,_ selbst

wenn wir auf ei - nem Berg__ und auf den Ze-hen stehn._ A-ber

du bist trotz-dem da__ in der dunk-len Nacht,_ ziehst wie

im-mer dei - ne Bahn__ und gibst auf_ uns acht.

§ Refrain C   D   G   C

Lie - ber Mond,— du strahlst hel-ler als je-der Stern,— wir

C   D   Hm   Em

fin-den dich so toll——— und ha-ben dich so gern.—

C   D   G   C

Lie - ber Mond,— du kreist schon e-wig um die Welt,— stehst

D   Hm   Em

im-mer ganz weit o - ben am ho-hen Him-mels-zelt,—

C   D   G^{sus4} G *Fine*

am ho-hen Him - mels - zelt.———

G   Am

3. Du bist auch ziem-lich stark—— und hast un-heim-lich Kraft,—

C   G   D

nur du kannst et-was,— was sonst nie-mand schafft: Du ziehst das

G   Am

Was-ser der Mee-re zu-rück—— und gibst es wie-der her,— machst die

C   G   D   *D.S.*

Eb-be und die Flut,—— du bist der Herr vom wei-ten Meer.

Nur ein Mal

Joshua kniet mit Ben im Sandkasten. Sie haben einen Berg aufgeschüttet und graben gerade einen Tunnel unten durch. Joshua buddelt von der einen Seite, Ben von der andern. Doch Joshua ist nicht richtig bei der Sache. Er schielt immer wieder zu der Rutsche hinüber, wo Branko und Alkim rutschen.

Einmal winkt Branko ihm von oben zu. Bevor Joshua zurückwinken kann, ruft Branko: »Achtung, ich komme!« Und schon saust er nach unten. Kaum ist er im Sand gelandet, rappelt er sich hoch, läuft um die Rutsche herum und steigt die Leiter wieder hoch. Von oben schaut er zu, wie Alkim hinuntersaust.

So wie Branko und Alkim würde Joshua auch gern rutschen, aber er traut sich nicht. Der Turm, auf den die Leiter führt, scheint ihm riesig hoch. Wenn Joshua nur daran denkt, dass er da hinaufsteigen soll, wird ihm schon ganz schwummerig im Bauch.

»He, Joshua, was ist los?«, fragt Ben. »Soll ich den Tunnel alleine graben?«

»Äh … nein … ich grabe mit«, murmelt Joshua.

Es dauert nicht lange, bis sich ihre Fingerspitzen berühren.

»Geschafft!«, ruft Ben und freut sich. »Jetzt hole ich Wasser, dann lassen wir einen Bach unter dem Berg durchfließen.«

Während Ben weg ist, kommt Branko angelaufen und sagt zu Joshua: »Komm mit! Rutschen ist viel schöner, als mit Sand spielen.«

»Ich … äh … ich kann …«

»Na los! Oder hast du Angst?«

Joshua schüttelt den Kopf.

»Dann komm mit!«

Joshua steht auf, zögert kurz und schaut sich nach Ben um.

Der ist nirgendwo zu sehen. Da geht Joshua hinter Branko her, der bei der Leiter auf ihn wartet.

»Wo ist Alkim?«, fragt Joshua.

»Der hat keine Lust mehr zum Rutschen«, antwortet Branko. »Jetzt rutschen wir zwei.«

Joshua schluckt.

»Willst du zuerst oder soll ich?«, fragt Branko.

»Du«, sagt Joshua schnell.

Branko steigt die Leiter hoch.

Joshua möchte unheimlich gern rutschen und würde gleichzeitig am liebsten weglaufen.

»Warum kommst du denn nicht? Ich warte auf dich!«, hört er Branko von oben sagen.

Wie in Zeitlupe greift Joshua mit beiden Händen das Geländer und steigt Sprosse um Sprosse höher. Als er oben neben Branko steht, klopft sein Herz heftig.

Branko setzt sich und saust abwärts, wobei er laut »Juhu!« ruft.

Joshua steht unbeweglich auf dem Turm der Rutsche und schaut nach unten. Bevor er etwas tun kann, ist Branko schon wieder oben und fragt: »Was ist?«

»Ich trau mich nicht«, murmelt Joshua kaum hörbar.

»Du musst nur die Augen fest zudrücken«, sagt Branko. »Das hab ich beim ersten Mal auch gemacht.«

»Hast du … auch Angst gehabt?«

»Klar, wie alle«, gibt Branko zu. »Aber nur ein Mal.«

Joshua will noch etwas sagen, doch Branko drückt ihn nach

unten, bis er auf dem Po sitzt. »Augen zu!«, befiehlt er und schubst Joshua leicht an. Der rutscht abwärts, reißt Mund und Augen auf und landet im weichen Sand. Einen Augenblick liegt er wie ein Maikäfer auf dem Rücken. Dann rappelt er sich hoch und starrt die Rutsche an, als könne er nicht glauben, was eben geschehen ist.

»Achtung, ich komme!«, ruft Branko und stößt sich ab, damit er noch schneller ist.

Joshua macht einen Satz zur Seite. »Das war toll!«, sagt er zu Branko. »Komm, wir rutschen gleich noch mal!«

Branko grinst. »Aber diesmal ohne Anschubsen!«

»Klar«, sagt Joshua strahlend. »Und ich zuerst!«

Mut tut gut

1. Manch-mal fühl ich mich al-lei - ne, manch-mal
geht es mir nicht gut,_ manch-mal dreh ich mich im Krei - se, manch-mal
fehlt mir auch der Mut._ 2. Doch dann
treff ich mich mit Freun-den, meis-tens wird dann viel ge-lacht,_ wir
ma-chen was zu-sam-men und ge-ben auf uns acht._

Refrain
Mut tut gut,_____ Mut tut gut,____
trau-e dich und ha-be kei-ne Angst._ Mut tut gut,_____
Mut tut gut,_ zei - ge al-len, was du kannst._

3.

Würden wir uns nicht mehr trauen,
könnten wir nicht Freunde sein
und keiner wär für andre da,
jeder bliebe ganz allein.
Refrain

4.

Weil ich echte Freunde habe,
fühle ich mich meistens gut.
Selten dreh ich mich im Kreise,
denn ich habe meistens Mut.
Refrain

Emma hat's geschafft!

Emma hat von ihrer Oma Brigitte zu Ostern ein Fahrrad geschenkt bekommen. Ein rotes mit Stützrädern. Weil das Wetter an Ostern und danach sehr schlecht war, ist Emma bisher nur dreimal kurz mit dem neuen Rad gefahren. Dabei möchte sie gern jeden Tag fahren und am liebsten ohne Stützräder.

Zwei Wochen nach Ostern wird das Wetter endlich besser. Und am Sonntag kommt Oma Brigitte zu Besuch. Auf einem Fahrradträger hinten an ihrem Auto ist Oma Brigittes Fahrrad.

Emma läuft ihr entgegen und in die Arme. »Hallo, Oma!«

»Hallo, mein Schatz! Na, kannst du schon ohne Stützräder fahren?«, fragt sie.

Emma schüttelt den Kopf.

»Hast du es denn schon versucht?«

»Es hat ja fast immer geregnet«, antwortet Emma.

»Heute regnet es nicht«, sagt Oma Brigitte, zwinkert ihr zu und stellt sie wieder auf den Boden.

»Papa! Papa!«, ruft Emma. »Du musst die Stützräder wegmachen! Ich will heute ohne fahren!«

»Zu Befehl, Prinzessin«, sagt Papa, steht stramm und legt die Handkante an die Stirn. »Ich hole sofort Werkzeug und schraube sie ab.«

Während Papa die Stützräder entfernt, holt Mama Helm, Knie- und Ellbogenschoner.

Papa stellt das Rad zu Oma Brigittes Rad auf den Fahrradträger und bindet es gut fest.

»Am besten fahren wir zum Parkplatz beim Freibad«, schlägt Mama vor. »Da ist um diese Jahreszeit noch nichts los.«

»Alles einsteigen!«, ruft Oma Brigitte. Den Weg zum Freibad kennt sie, weil sie im letzten Sommer ein paarmal mit Emma dort war. Am Rand des Parkplatzes stellt sie das Auto ab.

»Der Platz ist völlig leer«, sagt Papa. »Das war eine gute Idee, mein Schatz.« Er gibt seiner Frau einen Kuss.

»Du sollst Mama jetzt nicht küssen, du sollst mein Rad losbinden!«, ruft Emma.

»Zu Befehl, Prinzessin«, sagt Papa, steht wieder stramm und legt die Handkante an die Stirn.

Mama schüttelt lächelnd den Kopf.

»Papa!«, sagt Emma vorwurfsvoll. »Du sollst auch keinen Quatsch machen! Und sag jetzt nicht wieder ›Zu Befehl, Prinzessin‹«, fügt sie schnell hinzu.

»Zu Befehl, Prin…« Weiter kommt er nicht und prustet los. Emma findet das kein bisschen lustig.

Als Papa sich beruhigt hat, schiebt er das Rad neben Emma und hält es fest.

Emma setzt sich auf den Sattel, ihre Schuhspitzen reichen gerade so auf den Boden. Mama hält Emma an einem Arm fest, Oma Brigitte am andern.

»Jetzt die Füße auf die Pedale und treten!«, sagt Papa von hinten und schiebt ein bisschen an.

Emma beginnt langsam zu treten. Zuerst hält Papa das Fahrrad noch am Sattel fest. Dann lässt er los und sofort schlingert es.

»Du musst den Lenker gut festhalten und immer geradeaus fahren!«, ruft Papa. »Und schneller treten!«

Schneller treten. Geradeaus fahren. Den Lenker gut festhalten. Nicht schlingern. Das kann Emma nicht alles gleichzeitig denken und tun. Deswegen schlingert das Rad noch mehr. Zum Glück halten Mama und Oma Brigitte sie gut fest, sodass sie nicht stürzen kann.

»Ganz ruhig«, sagt Oma Brigitte. »Stell dir vor, es wären noch Stützräder dran. So fährst du jetzt.«

Mit Stützrädern ist fahren ja babyleicht. Und nun klappt es auch viel besser. Emma fährt ganz schön schnell – bis zum

Ende des Parkplatzes. Und jetzt? Bremsen oder eine Kurve fahren! Emma tut keines von beiden und lässt den Lenker einfach los. Das Vorderrad kippt weg, das Fahrrad fällt scheppernd zu Boden. Doch Mama und Oma Brigitte halten Emma an den Armen hoch. Einen Augenblick hängt sie über dem Fahrrad in der Luft.

»Lasst mich runter!«

»Das Geradeausfahren war schon ganz gut«, sagt Mama. »Jetzt musst du nur noch das Bremsen und Kurvenfahren lernen.«

Oma Brigitte nickt. »Und auch das geht genauso, wie wenn noch Stützräder dran wären.«

Inzwischen hat Papa das Fahrrad wieder aufgestellt. Es hat nur am Lenker ein paar Kratzer.

»Noch mal!«, sagt Emma und steigt wieder auf.

Diesmal halten Papa und Mama sie an den Armen fest und laufen nebenher.

Als sie sich dem anderen Ende des Parkplatzes nähern, ruft Papa: »Jetzt den Lenker ein bisschen nach links drehen!«

Nach links? Emma weiß im Moment nicht, wo links ist. Und sie hat auch keine Zeit, lange zu überlegen, weil der Zaun immer näher kommt. Sie dreht den Lenker einfach nach einer Seite, so wie sie es gemacht hat, als noch Stützräder dran waren. Und es klappt!

»Prima!«, ruft Papa schon leicht außer Puste. »Und jetzt bremsen!«

Bremsen? Emma könnte bremsen, aber sie will nicht. Jetzt,

wo das Fahren so gut klappt, bremst sie doch nicht. Im Gegenteil. Als sie die Kurve gefahren ist und es wieder geradeaus geht, gibt sie Gas! Vollgas! Mama und Papa laufen keuchend neben ihr her.

»Bremsen!«, ruft jetzt auch Mama. »Du musst bremsen, Emma! Ich kann nicht mehr!«

Emma fährt noch bis zum Ende des Platzes, dann bremst sie, springt ab und ruft: »Ich kann's! Ich kann's! Juhu, ich kann kann's!«

Papa hat sie bis zuletzt festgehalten und atmet heftig. »Und wie!«, sagt er zwischendurch. »Du bist ja abgezischt wie eine Rennfahrerin!«

»Also, ich muss mich erst mal ausruhen.« Mama setzt sich einfach auf den Boden.

Emma strahlt und schaut sich nach Oma Brigitte um. Die kommt auf ihrem Fahrrad angefahren.

»Hast du gesehen, Oma, ich bin richtig gefahren!«, ruft ihr Emma entgegen.

»Natürlich hab ich's gesehen«, sagt Oma Brigitte. »Ich freu mich. Wollen wir zwei noch ein paar Runden fahren?«

»Spitze!«, ruft Emma.

Papa will ihr beim Aufsteigen helfen.

»Ich kann es allein!«, sagt Emma. Und sie schafft es. Neben ihrer Oma fährt sie Runde um Runde über den Parkplatz. Und am liebsten möchte sie nie mehr anhalten.

Eine gute Puppenmama

Saida ist in einer kleinen Stadt in dem afrikanischen Land Nigeria geboren. Als sie noch ein Baby war, sind ihre Eltern mit ihr aus dem Land geflohen, weil dort Krieg war. Seit zwei Jahren lebt die Familie in Deutschland und seit vier Monaten besucht Saida nun die Kita in der Sonnenbachstraße. Dort hat sie sich mit Sophie angefreundet.

Heute möchte Saida mal eine Mama sein. Sie geht mit Sophie in die Puppenecke und sucht sich ein Kind aus. Als sie sich für eines entschieden hat, zeigt Saida erst auf die Puppe, dann auf sich und sagt: »Meine Tochter. Heißt Alima.«

Saida kann zwar schon viele deutsche Worte, aber lange Sätze fallen ihr noch schwer.

Lene, die auch in der Puppenecke spielt, guckt von der Puppe zu Saida, dann schüttelt sie den Kopf. »Die kann nicht deine Tochter sein.«

»Warum?«, fragt Saida.

»Das sieht doch jeder«, antwortet Lene. »Die Puppe ist weiß und du hast dunkle Haut.«

»Das ist doch egal«, meint Sophie.

»Ist es nicht«, widerspricht Lene. »Saida kann kein weißes Kind kriegen.«

»Kann sie doch!«, erwidert Sophie energisch.

Saida sagt gar nichts. Sie drückt ihr Kind fest an sich. Dabei rollen die ersten Tränen über ihre Wangen.

»Du bist gemein!«, sagt Sophie zu Lene.

»Wer ist gemein?«, fragt Frau Lange, die Erzieherin. Da sieht sie, dass Saida weint, und möchte wissen, was passiert ist.

Sophie erzählt ihr alles.

Frau Lange streicht Saida über den Kopf und sagt dann ganz ruhig: »Mir scheint, Lene hat eines nicht bedacht: Entscheidend ist nicht die Hautfarbe eines Kindes, sondern dass man es lieb hat. Und so wie ich das sehe, hat Saida ihr Puppenkind sehr lieb.«

Saida nickt.

»Dann ist es genau das richtige Puppenkind für dich«, sagt Frau Lange und lächelt Saida an.

Sophie holt eine dunkelhäutige Puppe mit süßen Zöpfchen. »Die ist jetzt meine Tochter.«

»Und wie heißt sie?«, möchte Frau Lange wissen.

Sophie schaut die Puppe an und überlegt. »Lisa«, antwortet sie schließlich. »Oder nein, lieber Amelie. Ja, sie heißt Amelie.«

»Das ist ein schöner Name«, sagt Frau Lange.

Saida zieht die Nase hoch, zeigt auf ihre Puppe und murmelt: »Heißt Alima. Ist … äh …« Sie sucht nach den richtigen Worten. »Ist wie … ein bisschen wie Amelie.«

»Du meinst ähnlich«, sagt Frau Lange. »Alima und Amelie klingen ähnlich.«

»Ähnlich«, wiederholt Saida und hat schon wieder ein neues Wort gelernt.

Frau Lange streicht Lene über den Kopf. »Möchtest du nicht auch eine Puppe holen?«

»Doch«, sagt Lene und läuft zur Puppenecke.

Saida, Sophie und Frau Lange sind gespannt, für welche sie sich entscheidet.

Ben und Max

Ben war auf dem Spielplatz und will nach Hause. Als er über die Brücke geht, kommt ihm ein Hund entgegen. Der gehört keinem in der Sonnenbachstraße, das weiß Ben. Er bleibt kurz stehen und schaut sich um. Niemand ist zu sehen. Der Hund hebt den Kopf, läuft zu Ben und beschnüffelt ihn. Ben hält die Luft an. Der Hund fängt an zu fiepen, legt den Kopf ein wenig schief, winselt und wedelt mit dem Schwanz, als wolle er sagen: Nimm mich mit!

»Ich muss jetzt nach Hause«, sagt Ben und geht weiter.

Der Hund trottet dicht hinter ihm her und lässt sich nicht abschütteln.

Ben öffnet das Gartentor ein wenig, und schneller, als er gucken kann, witscht der Hund an ihm vorbei.

»He, du darfst nicht mit rein! Komm sofort raus!«, ruft Ben.

Doch der Hund hört nicht auf ihn.

Die Haustür geht auf und Mama kommt heraus. »Hallo … äh … wen bringst du denn mit?«, fragt sie.

»Der ist mir nachgelaufen«, antwortet Ben.

Mama will den Hund wegjagen. Sie stampft mit dem Fuß auf den Boden und klatscht in die Hände. Der Hund zieht den Schwanz ein und weicht zurück. Mama geht mit Ben ins Haus und drückt die Tür zu.

Ben schiebt einen Stuhl zum Küchenfenster, steigt hinauf und beobachtet den Hund. Je länger er ihn draußen liegen sieht, desto mehr tut er ihm leid. »Jetzt ist der arme Hund ganz allein und bestimmt ganz traurig«, murmelt er.

»Dann muss er nach Hause laufen, zu den Leuten, denen er gehört«, sagt Mama.

»Und wenn er nicht nach Hause findet?«

»Hör mal, Ben …«

In diesem Augenblick wird die Tür geöffnet und Papa kommt herein. »Wem gehört denn der Hund im Garten?«

»Der ist mir nachgelaufen«, sagt Ben und erzählt Papa die ganze Geschichte.

»Vielleicht hat ihn jemand ausgesetzt, vielleicht hat er sich auch einfach verlaufen«, sagt Papa. »Am besten, wir rufen beim Tierheim an.«

Aber weder dort noch bei der Polizei weiß man, wohin der Hund gehört.

Ben schaut Papa und Mama an. »Wir müssen ihm helfen, bitte, bitte!«, bettelt er. »Er kann doch nicht allein da draußen bleiben!«

»Also gut«, sagt Mama. »Vielleicht meldet sich der Besitzer bald.«

»Dann wird er aber erst mal gebadet«, sagt Papa. »So schmutzig kann er nicht bleiben, sonst schleppt er uns noch Läuse und Flöhe ins Haus.«

Nach dem Bad schüttelt sich der Hund, dass es nur so spritzt.

»Iiiii!«, ruft Ben und geht in Deckung. »Äh … du … du … wie heißt du eigentlich?«

Der Hund bellt.

»Das hab ich jetzt nicht verstanden«, sagt Papa schmunzelnd.

»Aber ich«, sagt Ben. »Er hat ›Max‹ gebellt.«

Papa lacht. »Max, so, so. Dann verstehst du die Hundesprache besser als ich.«

»Max«, sagt Ben und streicht ihm über das noch nasse Fell.

Der Hund fiept und springt freudig an Ben hoch.

Gleich am nächsten Tag will er Max ein paar Befehle beibringen.

Als Max merkt, dass Ben mit ihm nach draußen gehen will, saust er vor Freude hin und her.

»Max, hierher!«, ruft Ben.

Doch Max entwischt in den Garten. Ben will ihn fangen, aber Max ist schneller.

»So geht das nicht«, sagt Ben, als Max endlich stehen bleibt. »Du musst jetzt gehorchen lernen!« Dann zeigt er auf den Boden und sagt: »Sitz!«

Max guckt Ben an.

»Sitz!«, wiederholt Ben.

Max legt den Kopf ein wenig schief, schaut Ben an und fiept.

»Du sollst dich hinsetzen!«, sagt Ben streng. »Das ist doch nicht so schwer. Ich zeige dir, wie man das macht.« Ben setzt sich ins Gras.

Max schaut ihm interessiert zu.

»Hast du gesehen?«, fragt Ben. »Das ist doch hundeleicht.«

Max springt Ben auf den Schoß. Beide purzeln rückwärts ins Gras. Max bellt vor Freude und leckt Ben das Gesicht ab.

In diesem Augenblick kommt Annalena. »He, seit wann hast du einen Hund?«, fragt sie.

»Seit gestern«, antwortet Ben. »Und jetzt soll er gehorchen lernen.«

»Darf ich helfen?«, fragt Annalena.

»Klar«, sagt Ben und rappelt sich auf.

»Was kann er denn schon?«, fragt Annalena, während Max sie beschnüffelt.

Ben zieht die Schultern hoch. »Nichts, glaube ich.« Er guckt Max an. »Sitz!«

Max springt an Ben hoch und bellt.

»Ich weiß was«, sagt Annalena. »Wir spielen Hund und Herrchen. Du bist Max und ich bin du. Dann zeigst du ihm, wie ein Hund sich setzt.«

»Au ja!«, sagt Ben. Er kniet sich hin und bellt: »Wau, wau!«

»Sitz!«, befiehlt Annalena.

Ben hockt sich sofort auf den Po.

Annalena streichelt ihm über den Kopf. »Braver Hund.«

»Noch mal«, sagt Ben.

Max schaut zu, dann setzt er sich auch.

»Er hat's kapiert!«, ruft Annalena.

Max steht wieder auf und bellt.

»Mach's noch mal!«, sagt Ben zu Max. »Sitz!«

Annalena drückt Max' Hinterteil hinunter – und er sitzt.

»Juhu!«, jubelt Ben und tanzt mit Annalena um Max herum.

Ben ruft seine Eltern. »Schaut mal, was wir Max beigebracht haben!«

»Was denn?«, fragt Mama.

»Max, sitz!«, sagt Ben.

Annalena muss nur ein ganz klein wenig nachhelfen und schon sitzt er.

»Prima«, sagt Mama. »Dafür habt ihr alle drei eine Belohnung verdient.«

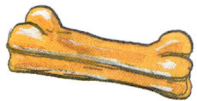

Nicht allein

Am Montagmorgen versammelt Frau Lange, die Erzieherin, die großen Kinder der Kita um sich und sagt: »Am kommenden Sonntag wird in der Kirche eine Familiengottesdienst gefeiert. Und wir dürfen diesen Gottesdienst mitgestalten.«

»Wie mitgestalten?«, fragt Annalena.

»Wir werden drei Gedichte lernen, die dürft ihr vortragen«, antwortet Frau Lange. »Und wir werden ein neues Lied üben, das wir alle gemeinsam singen.«

»Das trau ich mich nicht«, murmelt Ben.

»Aber ich!« ruft Branko.

Frau Lange geht vor Ben in die Hocke und streicht ihm über den Kopf. »Du bist ja nicht allein«, ermuntert sie ihn. »Wir sind doch alle bei dir.«

Ben schluckt, sagt aber nichts mehr.

Frau Lange erhebt sich wieder und sagt: »Und damit wir bis Sonntag alles gut können, fangen wir gleich mit dem Üben an.«

Am Sonntag treffen sich die Kinder vor der Kirche und setzen sich mit Frau Lange in die erste Reihe.

Nachdem der Pfarrer alle begrüßt hat, gehen sie nach vorn und stellen sich vor dem Altar auf. Frau Lange hat ihre Gitarre dabei und stimmt das neue Lied an. Dann nickt sie den Kindern zu und alle beginnen zu singen:

Ein Geschenk

1. Ich sit - ze still im Gar - ten,__
der blau - e Him - mel ist ü - ber mir.
Ich freu mich an den Blu - men_ und an der Ru - he hier.__

2. Ein Schmet - ter - ling fliegt_ he - ran,
ruht sich auf_ ei - ner Blü - te aus, hebt ab und flat-
- tert wie - der aus dem Gar - ten hi - naus.__

Refrain
Dan - ke, klei - ner Schmet - ter - ling,_ für den Be - such_ bei mir.

Auch wenn du mich_ nicht hörst: Ich hab mich ge-freut_ an dir.__ Dan-ke, klei-ner Schmet-ter-ling,__ du lässt et - was zu-rück.__ Es ist wie ein___ Ge-schenk: ein schö - ner Au - gen - blick.___

3.

Wohin wird er nun fliegen?

Bei wem flattert er noch vorbei?

Für ihn gibt's keine Grenzen,

er ist friedlich und frei.

Refrain

Nach dem letzten Ton ist ein zaghaftes Klatschen zu hören. Es dauert einen Augenblick, dann klatschen ein paar Leute mit und schnell werden es mehr. Der Pfarrer lächelt und klatscht ebenfalls.

Als der Beifall verklungen ist, lobt er die Kinder: »Das habt ihr ganz, ganz toll gemacht!«

Die Kinder freuen sich und setzen sich auf ihre Plätze.

Der Pfarrer erzählt eine Geschichte, danach singt die ganze Gemeinde mit Orgelbegleitung ein Lied.

»Das klingt ein bisschen unheimlich«, flüstert Sophie ihrer Nebensitzerin Annalena ins Ohr.

»Aber auch schön«, flüstert Annalena zurück.

Als das Lied zu Ende ist, stellen sich die Kinder wieder vor dem Altar auf und tragen gemeinsam ein Gedicht vor. Weil Joshua eine sehr schöne und klare Stimme hat, darf er zum Schluss eine Strophe allein aufsagen. Darauf ist er ein wenig stolz. Doch als er zwei Schritte nach vorne macht und nun allein vor den vielen Leuten steht, ist von dem Stolz nichts mehr zu spüren. Joshua bekommt einen roten Kopf und bringt keinen Ton heraus. Am liebsten möchte er wieder zurück und sich in die Reihe stellen. Aber er kann sich nicht rühren, seine Beine sind wie Pudding.

Hinter ihm wird schon getuschelt.

»Wir Menschen wollen so vieles«, hört Joshua jemanden flüstern. Es ist Leon, Joshuas bester Freund.

Joshua schaut kurz zurück und zuckt mit den Schultern. Da macht Leon zwei Schritte nach vorn und stellt sich neben

seinen Freund. Er wiederholt die Zeile, die er eben geflüstert
hatte, und da kann auch Joshua den Text wieder:

»Wir Menschen wollen so vieles,
doch vieles brauchen wir nicht.
Nur die Liebe brauchen wir so,
wie die Bäume und Blumen das Licht.«

Doppelt schön

Im Haus der Familie Seifert ist alles noch still. Ein paar Sonnenstrahlen fallen auf Mias Gesicht. Es dauert nicht lange, bis sie blinzelt. Dann gähnt sie kräftig, schaut zum anderen Bett hinüber und fragt: »He, Leon, schläfst du noch?«

Er antwortet nicht.

Mia schlüpft aus dem Bett, stellt sich neben Leon, betrachtet ihn eine Weile, nimmt dann seine Hand und schüttelt sie leicht.

Leon dreht den Kopf, öffnet die Augen ein wenig und nuschelt: »Was ist denn?«

»Die Sonne scheint«, antwortet Mia.

»Mir doch egal«, brummt Leon und dreht sich zur Wand.

Mia überlegt kurz, ob sie die Bettdecke wegziehen soll, tut es aber nicht. Stattdessen geht sie zur Tür, öffnet sie leise, schleicht zum Schlafzimmer der Eltern und sieht, dass Mama und Papa noch im Bett liegen. Im ersten Moment denkt Mia, die Eltern hätten verschlafen, und will schon rufen. Doch dann fällt ihr ein, dass heute Sonntag ist. Und am Sonntag möchten Mama und Papa ausschlafen.

Mia steht in der Tür und weiß nicht so recht, was sie tun soll.

»Ich könnte wieder ins Bett gehen«, denkt sie. »Aber das ist langweilig. Ich könnte auch den Frühstückstisch decken. Das würde Mama und Papa bestimmt freuen.«

So leise wie möglich schließt sie die Tür, geht in die Küche und bereitet zum ersten Mal allein das Frühstück vor: Weil sie an die oberen Fächer im Kühlschrank nicht rankommt, holt sie aus den unteren zwei Dosen Heringe, drei Joghurts, Paprika, Möhren, Tomaten, Milch, Apelsaft und Mineralwasser. In der Brotkiste liegen nur zwei Brötchen von gestern.

»Die reichen doch nicht für uns alle«, murmelt Mia und denkt nach. Dann geht sie ins Wohnzimmer und holt aus der Schublade mit den Knabber- und Naschsachen eine Packung Salzstangen, Chips, Kekse und vier Müsliriegel.

Das alles trägt sie zum Tisch. Zum Schluss holt sie noch Besteck. An jeden Platz legt Mia ein Messer, eine Gabel und einen Teelöffel. Zufrieden betrachtet sie ihr Werk.

Leise schleicht sie wieder zum Schlafzimmer, steht kurz vor dem Bett – und krabbelt hinein.

Papa brummt wie ein Bär.

»Wer kommt denn da?«, murmelt Mama.

Statt zu antworten, schlüpft Mia zu ihr unter die Decke. Mama hebt einen Arm, sodass Mia sich schön anschmiegen kann.

Kaum liegt sie, spürt Mia eine Hand über ihren Kopf streichen.

»Guten Morgen, mein Schatz«, brummelt Papa mit seiner Schlafstimme. »Willst du uns sagen, dass es Zeit zum Aufstehen ist?«

»Ich habe Früh… äh …«

»Was hast du?«

»Ich … äh … nichts«, antwortet Mia schnell. Denn mit Mama und Papa am Morgen im warmen Bett zu kuscheln, gehört für sie zum Schönsten, was es gibt. Und weil sie heute beide für sich allein hat, ist es doppelt schön. Da kann selbst das beste Frühstück noch ein Weilchen warten.

Olivias größter Wunsch

Olivia ist mit ihren Eltern vor vier Monaten in das schöne Haus direkt am Sonnenbach gezogen. Zuvor haben sie fast zwei Jahre lang in Amerika gelebt, im neunten Stock eines Hochhauses in New York. Dort konnten Olivias Eltern den größten Wunsch ihrer Tochter nicht erfüllen: einen Zwerghasen. So ein Tier gehöre nicht in eine Großstadtwohnung, sagten die Eltern.

Aber seit sie am Sonnenbach wohnen, lässt ihnen Olivia keine Ruhe mehr. Und letzte Woche hat sie endlich den lang ersehnten Zwerghasen bekommen. Sie hat ihn Rabbit getauft und würde am liebsten den ganzen Tag mit ihm spielen. Aber das geht natürlich nicht, weil Olivia in die Schule muss und Rabbit auch mal seine Ruhe braucht. Dann liegt er in seinem Käfig, den Papa extra gekauft hat. So bald wie möglich will Papa aus Maschendrahtzaun ein großes Laufgitter bauen und im Garten aufstellen. Dann hat Rabbit mehr Auslauf und fühlt sich bestimmt wohler. Aber noch verbringt Rabbit viel Zeit in seinem Käfig.

Heute sagt Mama zu Olivia: »Ich glaube, dein Rabbit würde sich sehr freuen, wenn du seinen Käfig mal ausmisten und putzen würdest.«

»Kannst du das nicht machen?«, fragt Olivia.

Mama schüttelt den Kopf. »Rabbit ist doch dein Hase. Du

hast deine Freude an ihm, und du musst auch dafür sorgen, dass er sich wohlfühlt. Dazu gehört nun mal das Ausmisten und Saubermachen des Käfigs.«

»Also gut«, brummt Olivia. »Aber erst muss ich noch Schularbeiten machen.«

Olivia geht in ihr Zimmer – doch wenig später ist sie verschwunden.

Als sie wieder nach Hause kommt, warten ihre Eltern schon.

»Du solltest doch den Käfig ausmisten«, sagt Mama.

»Hab ich vergessen«, murmelt Olivia.

»So, vergessen?« Papa schaut Olivia ernst an. »Was meinst du, was Rabbit dazu sagen würde, wenn er reden könnte?«

Olivia murmelt etwas vor sich hin, was wie eine Entschuldigung klingt. Dann geht sie zu Rabbit, nimmt ihn aus dem

Käfig, setzt sich mit ihm auf den Boden und streichelt sein weiches Fell.

»Du bist doch mein lieber Rabbit«, flüstert sie ihm ins Ohr. »Ich mach auch gleich deinen Käfig sauber, versprochen. Solange kannst du dann hier herumlaufen.«

Rabbit drückt sein Schnäuzchen gegen Olivias Nase, als wolle er sagen: Ich mag dich.

Jetzt reicht's!

Auf dem Bolzplatz hinter dem Sonnenbach treffen sich am Nachmittag einige Kinder zum Fußballspielen. Hannes und Hasan, die beiden besten Fußballer, wählen zwei Mannschaften. Übrig bleibt wieder einmal Leon.

»Ich will auch mitspielen!«, sagt er.

»Du musst erst noch wachsen«, stichelt Hasan.

»Du bist blöd!«

»Pass auf …«

»Sowieso sind wir vier gegen vier und können dich nicht brauchen«, redet Hannes dazwischen. »Also verzieh dich!«

»Du, Hannes …«, beginnt Joshua.

»Was ist?«

»Können wir Leon …« Joshua schluckt und spricht nicht aus, was er denkt.

»Also los, stellt euch auf!«, ruft Hannes.

Joshua geht zu seinem Platz. Dabei schaut er zu Leon hinüber, der am Rand des Spielfeldes steht und noch kleiner wirkt, als er ist. Er tut Joshua leid. Am liebsten würde er Leon zurufen: Spiel doch einfach bei uns mit! Aber er traut sich nicht. Vielleicht schickt Hannes mich sonst auch weg, denkt er.

Hannes kickt den Ball zum Spielbeginn hoch in die Luft. Branko erwischt ihn.

»Spiel zu mir!«, ruft Hasan.

Doch bevor Branko etwas tun kann, ist Hannes schon
da und schnappt sich den Ball. Er läuft schnell zwischen den
anderen hindurch.

»Spiel ab!«, ruft Emma.

Aber Hannes denkt nicht daran. Er läuft aufs Tor zu und
knallt den Ball an der Torhüterin Olivia vorbei.

»Tor!«, ruft Hannes und reißt die Arme hoch, wie die Fußballer im Fernsehen. »Tor! Eins zu null für uns!«

Im zweiten Stock des Vierfamilienhauses erscheint Herr Beierlein am Fenster. »Hört sofort mit dem Krach auf! Ich brauche meine Ruhe! Verschwindet!«

Leon freut sich, dass Herr Beierlein schimpft. Vielleicht spielen sie jetzt Fangen oder Verstecken und lassen mich mitspielen, hofft er.

»Nur weil der doofe Beierlein meckert, hören wir nicht auf«, sagt Hannes. »Auf dem Bolzplatz dürfen wir kicken, solange wir wollen. Ob es dem passt oder nicht.«

»Ich spiele nicht mehr mit«, sagt Olivia.

»Dann sind wir nur noch zu dritt«, stellt Alkim fest.

»Das ist aber nicht gerecht«, meint Emma.

»Leon kann doch mitspielen«, sagt Joshua sofort.

»Also gut«, brummt Hannes und ruft: »He, Leon! Komm her!«

»Ich?«, fragt Leon und kann gar nicht glauben, dass er doch noch mitspielen darf.

Hannes rollt mit den Augen. »Ja, du, sonst ist ja leider keiner da!« Er schickt Leon ins Tor, obwohl der viel lieber Stürmer wäre und Tore schießen würde.

Leon stellt sich vor, wie er ein Tor schießt und seine Mitspieler ihn loben. Weil er dabei nicht richtig auf das Spiel achtet, schiebt Hasan den Ball an ihm vorbei ins Tor.

»Du Flasche!«, schimpft Hannes. »So ein Schüsschen hält ja meine Oma!«

»Dann hol sie doch!«, ruft Leon. »Ich geh nicht mehr ins Tor. Ich will Stürmer sein!«

Hannes stellt sich Leon in den Weg. »Du bleibst im Tor, ist das klar! Draußen bist du viel zu schlecht. Du triffst ja keinen Ball.«

»Ich spiele gar nicht mehr mit, dass du's weißt!«, sagt Leon wütend.

»Dann hau doch ab, du Flasche!«, ruft Hannes. »Wir gewinnen auch ohne dich.«

Jetzt reicht es Joshua. »Ich spiele auch nicht mehr mit«, sagt er zu Hannes. »Erst seid ihr gemein zu Leon und jetzt soll er abhauen. Dann kannst du gleich allein gegen Hasan spielen. Du gibst ja sowieso keinen Ball ab; du willst immer alles selber machen und alle Tore schießen. Genau wie Hasan. So macht es uns keinen Spaß.«

Branko, Emma, Alkim und Yasin nicken und gehen mit Joshua und Leon vom Platz. Hannes und Hasan gucken ziemlich dumm.

Hacke, Spitze, eins, zwei, drei

frei

Capo I   Strophen   E

1. Der Ball geht mal da - ne - ben, mal
2. Mich sieht mal wie - der kei - ner und

A   E   A

fliegt er weit ins Aus,__ drau - ßen wird ge - lacht,
kei - ner spielt mich an.__ Wie soll ich__ denn so zei -

E   H

_ gen, was ich wirk - lich kann?__ Der
- gen, nur sel - ten gibt's Ap - plaus.__ Ich

E   A

Schi - ri pfeift Ab - seits,__ ob - wohl es kei - nes war,
grät - sche ei - nen um,__ der schreit wie wild und fällt.__

E   A

__ dass mich das rich - tig är -
__ Jetzt hab ich's ganz ver - mas -

- gert,_ ist wohl je - dem klar._____
- selt_ und be - kom - me Gelb._____

Refrain

Lin - kes Bein,_ rech-tes Bein,_ ei - nen hau ich

im-mer rein._ To - re mit dem Kopf_ und Bauch_

ma-che ich na-tür - lich auch._ Ha-cke, Spit-ze, eins,_ zwei, drei,_

1.+2.

D.C.

das ist kei - ne Zau - be - rei._____

Schluss

das ist kei - ne Zau - be - rei._____

3.

Ich schau zu meinem Trainer,
er winkt mich zu sich raus:
»He, Junge, streng dich mal mehr an
und zeig, was du kannst!
Sonst wechsle ich dich aus!«
Ich beiße auf die Zähne
und schüttle stumm den Kopf.
Gleich die nächste Chance
packe ich am Schopf.

4.

Der Torwart wirft den Ball,
dass ich ihn stoppen kann.
Ich spurte blitzschnell los,
umspiele zwei, drei Mann.
Die Worte meines Trainers
hab ich noch im Ohr,
drum knalle ich den Ball
jetzt voller Wut ins Tor.
Refrain

Keine Angst, Ben!

Ben hockt im Wohnzimmer auf dem Boden und baut mit seinem Baukasten ein Auto. Die Tür steht halb offen, sodass er seine Mama in der Küche arbeiten hört. Gerade als Ben das rechte Vorderrad anbringen will, streckt Mama den Kopf zur Tür herein. »Ben-Schatz, ich habe keine Sahne für den Kuchen und muss ganz schnell in den Supermarkt. Nur für ein paar Minuten.«

Ben lässt die Bausteine fallen und steht auf. »Ich will mitkommen!«

»Nein, das dauert zu lange«, erwidert Mama. »Ich bin auch gleich wieder da.«

»Aber ich …«

»Du bist doch schon ein großer Junge«, unterbricht ihn Mama. »Spiel schön weiter, bis ich wieder da bin.« Sie nimmt ein Bilderbuch, das auf dem Tisch liegt, und drückt es Ben in die Hand. »Oder setz dich aufs Sofa und schau das Bärenbuch an. Das magst du doch so gern.«

Mama redet so viel und so schnell, dass Ben gar nichts mehr sagen kann. Und schwupp, schon ist sie weg!

Da steht Ben nun mit dem Buch in der Hand allein im Wohnzimmer. Weil alles so schnell ging, kann er nicht einmal weinen.

Ben spielt nicht weiter mit dem Baukasten, er setzt sich auch nicht aufs Sofa, sondern unter den Tisch. Das ist sicherer. Dann schaut er auf den Einband des Buches, schlägt es jedoch nicht auf. Denn er weiß, dass der kleine Bär sich im Wald verirrt und erst gefunden wird, als es schon Abend und ein wenig dunkel ist. Das kann er nicht ohne Mama angucken. Deswegen bleibt das Buch zu.

Ben lauscht. Alles ist still. Unheimlich still. Da fängt er an zu singen und singt die Stille weg. Ben singt, was ihm gerade einfällt, von »Hänschen klein« bis »Ihr Kinderlein kommet«. Und als er kein Lied mehr weiß, singt er einfach weiter:

Singangstweglied

(x = rufen!)

A
Ich sit - ze un - term Tisch, Tinten - fisch, _ sin - ge eins, zwei, drei,

D
Pa - pa - gei. _ Ich bin ganz al - lein, Sta - chel - schwein, _

A   **E**   **A**
sin - ge al - les weg, Bä - ren - dreck. _

A
Ich bin stark, _ Ba - na - nen - quark, _ drück die Au - gen zu,

D
Gum - mi - kuh. _ Ich muss mal aufs Klo, Kat - zen - floh, _

A   **E**
halt es kaum noch aus, He - xen - haus. _ Ich hö - re ei - ne Tür,

A   **E**   **A**
Klo - pa - pier, _ Ma - ma kommt he - rein, Son - nen - schein. _

Große Überraschung

Auf dem Spielplatz stecken ein paar Kinder die Köpfe zusammen. Sie reden über Herrn Beierlein. Olivia hat vorgeschlagen, ihm zum Geburtstag etwas zu schenken.

»Wieso sollen wir dem etwas schenken?«, fragt Emilie. »Wo der doch so oft mit uns schimpft.«

»Genau deswegen«, erwidert Olivia. »Wenn wir ihm etwas schenken, freut er sich. Dann schimpft er auch bestimmt nicht mehr mit uns. Das meint meine Mama auch.«

»Ich kenne ihn schon länger als du und deine Mama«, sagt Emilie. »Der freut sich über nichts.«

»Das glaub ich nicht«, lässt Olivia nicht locker. »Jeder freut sich über ein Geschenk.«

»Ich finde das eine gute Idee«, sagt Emma. »Ich mache mit.«

Joshua nickt. »Ich auch.«

»Wieso weißt du überhaupt, wann der Geburtstag hat?«, möchte Branko von Olivia wissen.

»Meine Mama hat es rausgekriegt«, antwortet Olivia. »Sie war bei …«

»Ich will gar nicht wissen, wann der Geburtstag hat«, fällt Emilie ihr ins Wort. »Ich schenk ihm sowieso nichts.«

Ben und Branko schließen sich ihr an. Annalena, Joshua, Emma und Leon stellen sich auf Olivias Seite. Und Mia stellt sich neben ihre Freundin Annalena, obwohl sie gar nicht richtig zugehört hat, worum es geht.

Die fünf gehen mit Olivia nach Hause. Dort überlegen sie, was sie Herrn Beierlein schenken könnten. Olivias Mama kommt hinzu und sagt, er esse gern Süßes.

»Woher weißt du das?«, fragt Olivia.

»Ich habe gesehen, was er im Supermarkt eingekauft hat«, antwortet sie. »In seinem Wagen lagen einige Süßigkeiten.«

Olivias Mama geht hinaus und kommt mit einer großen Pralinenschachtel zurück. »Darüber würde er sich bestimmt freuen.«

»Dann schenken wir ihm die«, sagt Annalena. »Vielleicht gibt er uns etwas davon ab.«

Olivia tippt sich an die Stirn. »Man schenkt doch nichts, damit man davon selbst etwas bekommt.«

»Da sind ja so viele Pralinen drin, von denen kann er uns doch welche geben, dann hat er immer noch genug«, meint Annalena.

Mia nickt heftig.

Olivia holt Geschenkpapier und gemeinsam packen sie die Pralinen schön ein.

Am folgenden Samstag hat Herr Beierlein Geburtstag. Die Kinder treffen sich um zehn Uhr bei Olivia. Dann gehen sie mit vollen Händen über die Straße. Annalena hat einen Schlüssel für die Eingangstür des Vierfamilienhauses und schließt auf.

»Pssst!«, macht sie, geht leise voraus und drückt auf den Klingelknopf neben der Wohnungstür von Herrn Beierlein.

Drinnen sind Schritte und Gebrummel zu hören. Die Tür öffnet sich und Herr Beierlein erscheint. Bevor er etwas sagen kann, stimmen die Kinder das Lied an, das sie geübt haben:

>»Zum Geburtstag viel Glück!
Zum Geburtstag viel Glück!
Zum Geburtstag, Herr Beierlein,
zum Geburtstag viel Glück!«

»Äh … ich … was … äh …«, stammelt Herr Beierlein total überrascht.

Olivia streckt ihm die eingepackte Pralinenschachtel entgegen und sagt: »Herzlichen Glückwunsch zum Geburtstag.«

Unsicher greift er nach dem Geschenk und murmelt:

»Danke … äh … aber was soll … ich weiß nicht …« Und er weiß wirklich nicht, was er sagen soll.

»Das ist auch für dich«, sagt Emma und gibt ihm das große Kastanienmännchen, das sie gebastelt hat.

»Das bist du«, sagt Joshua. »Und wir haben deine Kastanienkinder gemacht …«

»Und ich habe ein Bild für dich gemalt, weil ich noch keine Kastanen … keine Kastienki … keine so Kinder machen kann«, sagt Mia.

Sie wollen Herrn Beierlein ihre Geschenke geben.

»Äh … danke … aber die kann ich gar nicht alle halten«, murmelt er.

»Jetzt musst du die Pralinen aufmachen und uns welche abgeben«, sagt Mia.

Zum ersten Mal zieht ein Schmunzeln über Herrn Beierleins Gesicht. »So, muss ich das?«

Mia nickt. »Ja, weil du so viele hast und wir keine.«

Olivia knufft sie in die Seite.

»Na, dann kommt mal rein und stellt die Sachen ab.« Herr Beierlein geht voraus ins Wohnzimmer und deutet zum Tisch. Er schüttelt leicht den Kopf, als könne er nicht glauben, was er gerade erlebt. Mit einem Lächeln auf den Lippen reißt er das Papier von der Pralinenschachtel, öffnet sie und streckt sie den Kindern entgegen. »Jeder darf sich eine nehmen.«

Die Kinder greifen zu und lassen sich die köstlichen Pralinen auf den Zungen zergehen.

Hier bin ich!

Emilie und Lea haben mit Kreide ein Himmel-und-Hölle-Feld auf die Straße gemalt. Zuerst hüpfen nur die beiden, doch bald kommen immer mehr Kinder dazu und möchten auch hüpfen. Sie suchen sich ein Steinchen und los geht's! Jedes Kind versucht, möglichst weit ohne Fehler zu kommen und zu gewinnen. Nach einer Weile bilden sie Pärchen, dann hüpfen die Mädchen gegen die Jungen. Es macht allen großen Spaß.

Trotzdem sagt Olivia irgendwann: »Können wir auch mal etwas anderes spielen?«

»Und was?«, fragt Annalena.

»Verstecken«, schlägt Leon vor.

»Das ist doch langweilig«, meint Olivia. »Ihr kennt ja alle guten Verstecke hier.«

Es werden weitere Vorschläge gemacht, aber immer ist jemand dagegen.

»Wir können auch mal wieder Blindekuh spielen«, sagt Joshua schließlich. »Das haben wir schon lange nicht mehr gespielt.«

Emilie und Lea wollen lieber weiter in den Himmel hüpfen. Alle anderen sind einverstanden. Und weil Joshua es vorgeschlagen hat, bekommt er als Erster die Augen verbunden. Er spitzt die Ohren, um die anderen zu hören.

»Hier bin ich! Nein hier! Und schon wieder da!«, rufen die Kinder.

Joshua dreht sich, greift hierhin und dorthin, aber immer ins Leere.

»Mama, was spielen die Kinder?«, hört er plötzlich eine Mädchenstimme fragen.

»Ein Junge mit verbundenen Augen muss versuchen, die anderen Kinder zu fangen«, antwortet die Mutter.

»Da kann ich mitspielen, ohne dass sie mir die Augen verbinden«, sagt das Mädchen.

»Hä?« Joshua versteht den Satz nicht, nimmt das Tuch von den Augen und sieht erst jetzt, was die anderen Kinder längst gesehen haben: Das Mädchen ist blind.

»Darf ich mitspielen?«, fragt das Mädchen.

Die Kinder sind so durcheinander, dass sie nur nicken. Und Joshua streckt dem Mädchen das Tuch entgegen.

»Darf ich?«, wiederholt es.

»Klar«, antwortet Olivia.

Die Kinder sind etwas gehemmt und wissen nicht so recht, wie sie sich verhalten sollen. Deswegen erwischt das Mädchen schnell einige von ihnen.

»Ihr dürft es Namika nicht so leicht machen«, sagt die Mutter des Mädchens.

Nach und nach werden die Kinder munterer. »Hier bin ich! Hallo, Namika! Fang mich doch! Kuckuck!«, rufen sie.

Namika hört ganz genau hin, und es dauert nicht lange, bis sie Annalena und Joshua erwischt. Da strahlt sie über das ganze Gesicht.

Ein Bauernhof wie früher

Nicht weit hinter dem Sonnenbach gibt es einen Bauernhof mit vielen verschiedenen Tieren. Hier hat sich in den vergangenen dreißig Jahren längst nicht so viel verändert wie auf den meisten anderen Höfen. Bauer Ernst Schulte und seine Frau Rosmarie sind schon alt, aber noch jeden Tag auf den Beinen, um ihre Tiere zu versorgen.

Zu diesem Bauernhof sind heute die großen Kinder der Kita unterwegs. Als sie näher kommen, hören sie den Hofhund bellen.

Der Bauer kommt aus dem Haus, geht zu dem bellenden Schäferhund, streichelt ihn und sagt: »Ist schon gut, Bello. Die Kinder tun uns nichts. Gib jetzt Ruhe!«

Der Hund schaut seinen Herrn an, als habe er jedes Wort verstanden, und gibt wirklich Ruhe.

»Na, dann kommt mal mit«, sagt Bauer Schulte und geht mit den Kindern ums Haus herum in den großen Garten.

Dort picken und scharren ein paar Hühner und ein Hahn nach Käfern und Würmern. Dazwischen wuseln goldgelbe Küken herum.

»Die sind ja süß!«, sagt Lea. »Darf ich so eins mal auf die Hand nehmen?«

»Ich auch! Ich auch!«, rufen die anderen Kinder.

»Lieber nicht«, sagt Bauer Schulte. »Für so ein kleines Küken seid ihr ja Riesen. Dann würde es sich fürchten und das wollen wir doch nicht, oder?«

Nein, das wollen die Kinder natürlich nicht. Sie schauen noch eine Weile zu, wie die Küken piepend hinter ihrer Mama herlaufen. Da kommen von hinten zwei Gänse angewatschelt. Als sie die Kinder sehen, fangen sie an zu schnattern, strecken die Hälse, werden schneller und schlagen dabei mit den Flügeln. Dazu stoßen sie heisere Laute aus. Die Kinder laufen kreischend auseinander und verstecken sich hinter Baumstämmen und dem Hühnerhaus.

Bauer Schulte stellt sich den Gänsen in den Weg, hebt die Hände und macht »Schschschscht«. Die Gänse beruhigen sich, klappen die Flügel ein und watscheln weiter.

Die Kinder kommen wieder näher.

»Hier ist es ja gefährlich«, sagt Joshua.

»Nein, gefährlich ist es hier nicht«, erwidert der Bauer. »Aber man muss schon aufpassen und auf die Tiere achten, wenn man einen Bauernhof besucht. Für die Gänse und Hühner ist der Garten wie für euch euer Zimmer. Und euch würde es bestimmt auch nicht gefallen, wenn Fremde einfach in euer Zimmer kommen würden.«

»In mein Zimmer darf nur meine Mama«, sagt Lea. »Und Emilie«, fügt sie noch hinzu.

»Ich nehme an, Emilie ist deine Freundin«, sagt Bauer Schulte.

Lea nickt.

»Meine Frau und ich sind wie die Eltern oder Freunde unserer Tiere«, erklärt der Bauer. »Deswegen mögen sie uns und lassen uns in ihre Zimmer kommen, ohne uns anzufauchen oder anzumeckern.«

»Jetzt verstehe ich das«, sagt Joshua.

Sie gehen weiter und kommen an einem großen Gemüsebeet vorbei. »Hier pflanzen wir Salat, Zwiebeln und Gemüse an. Was hier wächst, reicht für meine Frau und mich lange.

Manches frieren wir ein, damit wir auch im Winter eigenes Gemüse haben. Und unsere Tiere bekommen auch noch etwas davon ab.«

»Die haben es aber gut bei Ihnen«, sagt Emma.

Der Bauer lächelt. »Das sollen sie auch.«

Am Ende des Gartens grasen in einer abgetrennten Koppel zwei Kühe und ein Pferd. Eine Kuh streckt den Kopf zwischen zwei Latten hindurch und guckt die Kinder an.

»Ui, hat die große Nasenlöcher«, sagt Ben.

»Da läuft ja Rotz raus!«, ruft Annalena.

In diesem Augenblick schiebt die Kuh ihre Zunge aus dem Maul und bis ins Nasenloch hoch.

»Iiiii, das ist ja eklig!«, rufen ein paar Kinder.

»Das möchte ich auch können, dann müsste ich mir die Nase nicht mehr putzen«, sagt Alkim, streckt seine Zunge raus und versucht, ein Nasenloch zu erreichen.

»Du Ferkel!«, sagt Ben.

Die Kuh zieht den Kopf zurück, dreht sich um, zeigt den Kindern ihr Hinterteil, macht einmal laut »Muh«, hebt den Schwanz und lässt einen Fladen fallen, dass es nur so spritzt. Die Kinder springen zurück.

»Ich hab doch gesagt, dass es hier gefährlich ist«, sagt Joshua grinsend.

Bauer Schulte lächelt.

»Können Sie den Kindern noch zeigen, wie sie die Kühe melken?«, fragt Frau Lange.

Der Bauer nickt. Er greift in die Jackentasche, holt ein Stück

Kohlrabi heraus und lockt damit die Kühe an. Eine bindet er am Koppelzaun fest. Dann setzt er sich dicht neben sie auf einen Hocker, klemmt einen Blecheimer zwischen die Beine, legt die Hände um zwei Zitzen und bewegt sie auf und ab. Sekunden später schießt aus jeder Zitze ein Milchstrahl in den Eimer.

Die Kinder schauen mit großen Augen und offenen Mündern zu.

»So hat man früher alle Kühe gemolken«, sagt Bauer Schulte. »Das war eine anstrengende Arbeit. Heute machen das nur noch ganz wenige Bauern so. Die Großbauern mit ihren vielen Kühen haben dafür Melkmaschinen.«

»Aber ob mit den Händen oder mit Maschinen, bevor wir die Milch in Flaschen oder Packungen kaufen können, müssen Kühe gemolken werden«, erklärt Frau Lange.

»So ist es«, bestätigt Bauer Schulte.

Von den Kühen geht's weiter in den Schweinestall.

»Iiiii, hier stinkt's!«, sagen ein paar Kinder und halten sich die Nase zu.

Die beiden Ferkel strecken ihre Schnauzen hoch und grunzen, weil sie meinen, es gäbe etwas zu fressen.

»Die Nasen sehen aus wie Steckdosen«, sagt Leon.

Der Bauer lächelt. »Da ist was dran, aber Strom geben sie leider nicht.«

»Werden die geschlachtet, wenn sie groß sind?«, fragt Emma leise.

Der Bauer nickt. »Die meisten von euch essen ab und zu bestimmt Fleisch und Wurst. Dafür müssen Tiere geschlachtet werden. Aber wenigstens haben es unsere Tiere gut, solange sie bei uns auf dem Hof leben.«

Emma streicht einem Ferkel behutsam über den Kopf und flüstert ihm etwas ins Ohr, was niemand versteht. Dann verlassen die Kinder nachdenklich den Schweinestall.

»Was hast du dem Ferkel denn zugeflüstert?«, möchte Leon wissen.

»Verrat ich nicht«, antwortet Emma.

Zum Schluss gehen sie noch ins Haus, wo die Bäuerin für alle Pudding gekocht hat. »Mit der Milch von unseren Kühen«, sagt sie.

»Hm«, macht Branko und reibt sich den Bauch. »Das ist der beste Pudding der Welt.«

Nach einer guten Stunde ist der Besuch auf dem Bauernhof beendet. Frau Lange und die Kinder bedanken sich bei Bauer Schulte und seiner Frau für alles und verabschieden sich. Als sie über den Hof gehen, kommt Bello aus seiner Hütte und bellt.

»Der ist ja angebunden und kann uns nichts tun«, sagt Branko.

»Genau«, bestätigt Frau Lange.

Trotzdem schielen einige Kinder zu dem Schäferhund hinüber und gehen schnell weiter.

Auf dem Weg zurück zur Kita sagt Leon: »Das war toll! Wenn ich groß bin, möchte ich auch so einen Bauernhof, da ist immer was los.«

Auf dem Bauernhof

G   C

1. Die Hen-ne steht auf ei - nem Bein, in ih - rem Nest
2. Die Kuh macht ei - nen Rie - sen - satz, springt ü-ber den Zaun

Am   D   G

liegt ein Ei, der Hahn schaut ganz dumm drein, fällt
ins fri-sche Gras, die an-dern ren-nen hin-ter ihr her, der

C   D   G   C D

sie jetzt um, o wei, o wei.
Bau- er schaut nur zu und wird ganz blass.

Refrain C   D   G   D

Auf dem Bau-ern-hof ist im-mer was los, ga-cker, ga-cker, ki-ke-ri-ki,

G   C   D

von fern zieht ein Ge - wit - ter he - ran,

C   D   G   C

schnat-ter, schnat-ter, wo-hin man sieht, Wol-ken und Re - gen ver-dun-

D   C   D   Em

- keln das Land, es blitzt und don-nert ü - ber-all!

Auf dem Bau-ern-hof— herrscht Auf - re - gung,—

wuff, wuff, wuff,_ und der Bau - er ruft,—

wuff, wuff, wuff,_ ab in den Stall. —

3.

Die Meute Enten gackern wie blöd,

drängeln und flitzen hinunter zum Bach,

sie stürzen, fliegen ineinander hinein,

sind sie zu schnell, liegen sie flach.

4.

Die Gänse stolzieren über den Hof,

Hals in die Höh und lautes Geschnatter,

kommt einmal der Hund ums Eck,

hauen sie schnell ab, dann glotzt er verdattert.

Refrain

5.

Die Pferde stehen oben am Hang,

brausen wie wild die Koppel hinunter,

sie lassen ihre Äpfel fall'n,

denken nichts dabei und wiehern ganz munter.

Refrain

Die Lösung

Seit drei Tagen geht Emma mit klopfendem Herzen in die Kita. Nicht, weil sie etwas ausgefressen oder Angst vor jemandem hat. Im Gegenteil, sie freut sich so sehr auf jemanden, dass ihr Herz stärker als sonst klopft, wenn sie nur an ihn denkt. Er heißt Yasin und Emma möchte ihn seit drei Tagen etwas fragen. Aber sie schafft es einfach nicht. Jedes Mal, wenn sie es versucht, wird ihr Hals eng und trocken. Dann bringt sie kein Wort heraus.

Jetzt sitzt Emma am Tisch und überlegt. Wenn ich schreiben könnte und ein Handy hätte, würde ich Yasin eine Nachricht schicken, denkt sie. Oder ich würde die Nachricht auf einen Zettel schreiben.

Aber Emma hat kein Handy und sie kann noch nicht schreiben. Sie kritzelt auf einem Blatt Papier herum – und dabei hat sie eine Idee!

Emma sucht ein sauberes Blatt. Darauf malt sie ein rotes Herz und darunter ein großes Fragezeichen.

Sie faltet das Blatt zusammen, schaut sich um und sieht Yasin mit einem Bilderbuch in der Sitzecke. Langsam und wie zufällig geht sie ganz nah an ihm vorbei und lässt das Blatt auf die Buchseiten fallen.

»He, was ist das?«, fragt Yasin.

Aber Emma gibt keine Antwort. Sie läuft ins Puppenzimmer und beobachtet von dort, was Yasin tut. Er betrachtet Emmas

Bild, hebt den Kopf und schaut zum Puppenzimmer, wo Emma sich schnell hinter den Kinderwagen duckt.

Yasin steckt das Blatt ein, geht zum Schrank mit den Malsachen, holt ein Blatt und ein paar Farbstifte. Damit setzt er sich allein in eine Ecke und malt.

Als er fertig ist, schleicht er aus dem Gruppenraum und kommt wenig später ohne das Blatt zurück. Dann setzt er sich wieder in die Sitzecke und nimmt das Bilderbuch, als wäre nichts gewesen.

Das alles hat Emma vom Puppenzimmer aus beobachtet. Wo hat Yasin das Blatt hingetan?, fragt sie sich. Er ist mit dem Blatt hinausgegangen und ohne Blatt hereingekommen. Also ist es draußen. Aber wo?

Emma geht hinaus und schaut in Yasins Fach. Da liegt es nicht. Und auch nicht in ihrem Fach. Emmas Blick fällt auf ihr Täschchen. Vielleicht …

Sie öffnet es und mit pochendem Herzen – sieht sie das Blatt und faltet es auseinander.

Als Antwort hat Yasin auch ein rotes Herz gemalt und darunter ein lachendes Jungengesicht.

Emmas Herz hüpft vor Freude. Sie steckt das Blatt wieder in ihr Täschchen. Dann geht sie zurück in den Gruppenraum, setzt sich zu Yasin und schaut mit ihm das Bilderbuch an.

Gar nicht so schlimm

Emilie und Lea sind am selben Tag geboren und sie wohnen im selben Haus, Emilie in der linken Hälfte, Lea in der rechten. So ist es nicht verwunderlich, dass die beiden beste Freundinnen geworden sind.

Zum sechsten Geburtstag bekommen sie verschiedene Geschenke – darunter auch die gleichen Rollschuhe. Darüber freuen sich beide am meisten.

Am nächsten Tag wollen sie die neuen Rollschuhe ausprobieren. Die Sonnenbachstraße scheint ihnen für ihre ersten Fahrversuche gut geeignet, weil da nur wenige Autos fahren.

Zuerst stehen sie noch unsicher und etwas wacklig auf den Rollen und sie landen auch ein paarmal auf dem Po. Doch beide lassen sich nicht entmutigen, rappeln sich immer wieder hoch und fahren weiter.

Langsam werden sie sicherer und es macht ihnen immer mehr Spaß.

»He, ich kann schon Kurven fahren!«, ruft Emilie.

»Und ich bin die Schnellste!«, ruft Lea. Sie rollt an Emilie vorbei und winkt.

»Pass auf, sonst …« Emilie hat ihre Warnung noch nicht ausgesprochen, da landet Lea mit einem lauten »Krack!« auf dem Boden. Sie bleibt liegen und rührt sich nicht.

»Lea!«, ruft Emilie und fährt so schnell zu ihr, wie sie kann. »Lea, was ist los?«

Aber Lea antwortet nicht.

In diesem Augenblick kommt Frau Seifert auf ihrem Fahrrad angefahren. »Ist etwas passiert?«, fragt sie Emilie.

»Lea ist gestürzt!«

Frau Seifert stellt ihr Fahrrad ab, beugt sich zu Lea hinunter und sieht, dass sie am Hinterkopf blutet. »Hol schnell ihre Mutter!«, sagt sie zu Emilie.

»Die ist nicht da.« Emilie fängt an zu weinen.

Frau Seifert holt ihr Handy aus der Tasche und ruft einen Rettungswagen. Bis der kommt, kniet sie neben Lea, prüft ihren Puls und beobachtet ihren Atem. Als der Rettungswagen mit Blaulicht und Martinshorn vor den Garagen hält, schlägt Lea die Augen auf.

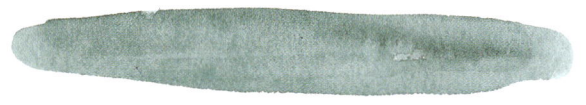

»Sie ist mit den Rollschuhen gestürzt, auf den Hinterkopf gefallen und war bewusstlos!«, ruft Frau Seifert dem Notarzt entgegen. »Und ihr linker Arm sieht auch nicht gut aus.«

Der Notarzt beugt sich über Lea und fragt: »Kannst du mich sehen und hören?«

»Ja.«

»Wie heißt du?«

»Lea Lepski.«

»Was tut dir weh?«

Lea deutet mit der rechten Hand auf ihren linken Arm. »Mein Arm und der Kopf.«

Der Notarzt tastet vorsichtig den Arm ab und sagt: »Gebrochen ist er zum Glück nicht. Aber wegen deiner Kopfverletzung müssen wir dich ins Krankenhaus bringen, damit man dich richtig untersuchen kann.«

»Ich will nicht ins Krankenhaus«, jammert Lea.

»Dort sind sehr nette Ärzte und Schwestern, die sich um dich kümmern und dafür sorgen, dass du bald wieder Rollschuhe fahren kannst«, sagt der Arzt. Dann wendet er sich an Frau Seifert: »Sind Sie die Mutter?«

»Nein, nein, ich wohne nur gleich da drüben«, antwortet sie. »Ihre Mutter ist nicht da.«

»Und der Vater?«

»Auch nicht – die sind geschieden«, fügt sie leise hinzu.

Der Arzt und der Sanitäter legen Lea ganz vorsichtig auf eine Trage und schieben sie in den Krankenwagen.

»Darf meine Freundin mitkommen?«, fragt die weinende Lea.

»Besser nicht«, antwortet der Arzt. »Hab keine Angst, wir passen gut auf dich auf. Und wir werden deine Mutter benachrichtigen. Die kommt dann so bald wie möglich.«

Während der Fahrt meldet er Lea im Krankenhaus an. Dort wird sie dann schon erwartet und von einer Ärztin noch einmal gründlich untersucht.

»Das sieht ganz gut aus«, sagt die Ärztin schließlich. »Aber weil du kurz bewusstlos warst, behalten wir dich bis morgen hier, damit wir ganz sicher sind, dass in deinem Kopf alles in Ordnung ist.«

Lea steigen wieder Tränen in die Augen. »Kommt meine Mama dann zu mir?«, murmelt sie.

»Bestimmt«, sagt die Ärztin.

Nachdem die ersten Untersuchungen gemacht, die Platzwunde am Kopf genäht und die Schürfwunden am Arm versorgt sind, wird Lea auf dem fahrbaren Bett in ein anderes Zimmer geschoben – wo ihre Mama schon ungeduldig auf sie wartet.

»Mama!«, ruft Lea freudig und will aufstehen.

Die Krankenschwester hält sie fest. »Halt, halt! Du musst noch liegen bleiben!«

Als das Bett am richtigen Platz steht, setzt sich Mama zu Lea und hält ihre beiden Hände ganz, ganz fest. Dabei kommen ihr die Tränen.

»So wie es aussieht, hat Ihre Tochter noch mal Glück gehabt«, sagt die Krankenschwester. »Aber zur Sicherheit behalten wir sie bis morgen hier. Und Sie können in diesem Bett schlafen, wenn Sie möchten.«

»Au ja, Mama! Dann musst du auch nicht mehr weinen«, sagt Lea. »Wir übernachten im Krankenhaus, du und ich. Wenn ich das Emilie erzähle, ist sie bestimmt neidisch.«

»Na ja, ich kann mir etwas Schöneres vorstellen.« Sie streicht Lea zärtlich über die Wangen. »Aber Hauptsache, dir ist nichts Schlimmes passiert.«

Leas Mutter fährt noch mal nach Hause, um für Lea und sich selbst ein paar Sachen zu holen. Dabei ist auch ein Buch, aus dem sie Lea nach dem Abendessen vorliest.

Zwischendurch kommt eine Krankenschwester und schließt Lea an ein Gerät an, das die ganze Nacht ihren Herzschlag und Blutdruck misst und darauf achtet, ob genug Sauerstoff im Blut ist.

Am Morgen wird sie noch einmal untersucht. »Das sieht alles sehr gut aus«, sagt die Ärztin. »Nach dem Frühstück darfst du wieder nach Hause. Allerdings musst du dich noch ein paar Tage schonen – auch wenn es dir schwerfällt.« Sie zwinkert Lea zu. »Also nicht Rollschuh fahren und überhaupt keinen Sport machen und keine wilden Spiele. Auch langes Fernsehen oder am Computer sitzen ist zu anstrengend für deinen Kopf. Und wenn du wieder Rollschuh oder Fahrrad fährst, dann setz bitte einen Helm auf. Versprichst du mir das?«

Lea nickt.

»Nicht zu fest nicken«, sagt die Ärztin und lächelt dabei.

Kaum ist die sie draußen, kommt die Krankenschwester mit dem Frühstück. »Möchten Sie am Tisch frühstücken oder im Bett?«, fragt sie Leas Mutter.

»Im Bett!«, ruft Lea.

»Heute darf meine Tochter bestimmen«, sagt Leas Mutter. »Also im Bett.«

Das Frühstück schmeckt wirklich lecker und beide essen mehr als zu Hause.

Mit einem Kakaobart unter der Nase und noch halb vollem Mund nuschelt Lea: »So schlimm, wie ich mir das Krankenhaus vorgestellt habe, ist es überhaupt nicht. Wenn ich das nächste Mal komme, hab ich bestimmt keine Angst mehr.«

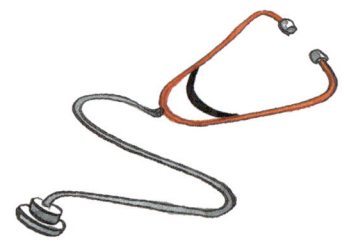

Gewonnen

Seit einer Woche ist herrliches Badewetter. Nachmittags wimmelt es im Freibad nur so von Menschen. Branko würde auch gern ins Freibad gehen, aber mit einem Gips am Bein ist an Baden natürlich nicht zu denken. Deshalb hängt Branko zu Hause herum, langweilt sich und ist grantig.

»Möchtest du etwas spielen?«, fragt Mama.

»Keine Lust.«

»Soll ich dir eine Geschichte vorlesen?«

»Nö!«

»Soll ich den Fernseher einschalten?«

»Mir egal!«, brummt er, legt sich aufs Sofa und guckt an die Decke.

Mama schaltet den Fernseher ein, aber Branko schaut nur kurz hin und starrt dann weiter an die Decke.

Plötzlich greift er nach einer Krücke und haut sie auf den Gips. »Blöder Gips!«, schimpft er.

»Branko! Was soll das?«, ruft Mama. »Der Gips kann nichts dafür, dass du das Bein gebrochen hast und nicht ins Freibad kannst.«

»Trotzdem ist er blöd!«

Mama seufzt.

In diesem Augeblick läutet es an der Wohnungstür. Mama öffnet und sieht Alkim, Leon und Joshua draußen stehen. Sie wollen Branko besuchen.

»Das ist aber nett von euch, da freut sich Branko bestimmt«, sagt Mama und führt die Kinder ins Wohnzimmer. »Schau mal, hier kommt Besuch für dich.«

Branko freut sich wirklich, als er die drei sieht. Zuerst muss er ihnen ganz genau den Unfall schildern, bei dem er das Bein gebrochen hat. Sie hören ihm gespannt zu. Dann setzen sie sich an den Tisch und spielen *Mensch ärgere Dich nicht*. Das kann Branko sogar mit einem Gipsbein.

Einmal könnte Alkim Brankos letzten Kegel kurz vor dem Ziel hinauswerfen, aber er tut so, als sähe er das nicht, und zieht mit einem anderen Kegel.

»He, du hättest den rausschmeißen können!«, sagt Leon vorwurfsvoll.

»Wo?«, fragt Alkim und spielt den Ahnungslosen.

»Zu spät!«, sagt Branko grinsend und würfelt schnell. »Fünf!«, ruft er und rückt ins Ziel. »Gewonnen!« Am liebsten würde er vor Freude hüpfen. Aber mit einem Gipsbein wäre das nicht so gut.

Mama kommt mit Getränken herein. »Damit ihr mir bei der Hitze nicht verdurstet«, sagt sie und schenkt allen ein. »Ich finde es ganz toll von euch, dass ihr zu Branko gekommen seid, obwohl heute Badewetter ist.« Sie streicht ihm liebevoll über den Kopf. »Schön, dass du solche Freunde hast.«

Der stumme graue Mann

1. Wenn bei Tag die Son-ne scheint,___ bin ich drau-ßen nie al - lein.___ Je-mand folgt mir Schritt für Schritt,___ wer mag die - ser Je - mand sein?_____

Refrain

Das ist mein Schi-, Sche-, Schu-, Scho-, Schat-ten, der stum-me grau-e Mann._ E - gal, wie schnell ich ren-ne, mein Schat-ten-mann_ bleibt dran.___

2.

Doch frag ich mich schon lange,
wo ist mein Schatten in der Nacht?
Was macht der stumme graue Mann,
wenn die Sonne mal nicht lacht?
Refrain

3.

Schon beim ersten Sonnenstrahl
ist der Schatten wieder hier,
denn der stumme graue Mann
ist mein Freund und stets bei mir.
Refrain

Kein Märchen

Die Erzieherinnen Aylin und Lisa haben im Nebenraum das kleine Puppentheater aufgebaut. Nach der Frühstückspause ruft Lisa die Kinder zum Puppenspiel.

Mia geht dicht hinter Annalena und setzt sich neben sie auf den Boden.

»Heute spielen wir für euch das Märchen *Dornröschen*«, sagt Aylin. »Wer kennt es schon?«

»Ich!«, rufen vier Kinder.

»*Dornröschen* ist mein Lieblingsmärchen«, sagt Emma.

»Das ist schön«, sagt Aylin. »Wer es schon kennt, darf den anderen aber nichts verraten!«

Das Spiel mit den Kasperlefiguren beginnt und die Kinder schauen gespannt zu.

Als eine hexenähnliche Frau erscheint und sagt: »Die Prinzessin soll sich in ihrem fünfzehnten Lebensjahr an einer Spindel stechen und tot umfallen«, erschrecken die Kinder. Mia rutscht dichter zu Annalena und atmet kaum noch.

Mit großen Augen und offenen Mündern schauen die Kinder dem Spiel zu und sind sehr erleichtert, dass Dornröschen nur in einen tiefen Schlaf fällt und am Ende von einem Prinzen wach geküsst wird.

»Hat es euch gefallen?«, fragt Aylin.

»Ja!«, rufen die Kinder und klatschen begeistert. Einige rufen »Super!« und »Spitze!«.

»Wer Lust hat, darf jetzt noch mit den Figuren etwas spielen«, sagt Aylin.

Zuerst gibt es beinahe Streit um die Figuren, aber bald liegen sie irgendwo herum. Nur Annalena spielt noch mit der Königin. Mia beobachtet sie eine Weile, dann nimmt sie ihren ganzen Mut zusammen. Sie zieht die Prinzessin über ihre rechte Hand und nähert sich Annalena.

»Guten Tag«, sagt Mia mit einer hohen Prinzessinnenstimme. »Guten Tag«, grüßt Annalena mit einer tiefen Königinnenstimme zurück.

»Was machst du gerade?«, fragt die Prinzessin.

»Ich gehe spazieren«, antwortet die Königin.

»Darf ich mit dir gehen?«

Die Königin guckt die Prinzessin an – und nickt.

Die beiden gehen nebeneinander durchs Zimmer und hinaus in den Garten. Dort setzen sie sich auf die Wippe und wippen.

»Ui, das kitzelt im Bauch!«, ruft die Königin. »Kitzelt es dich auch?«

»Jaaaa!«, antwortet die Prinzessin.

Als sie genug gewippt haben, steigen sie ab und schauen sich an.

»Ich möchte deine Freundin sein«, sagt die Prinzessin leise.

»Ich deine auch«, sagt die Königin.

Mia und Annalena halten sich an der freien Hand und hopsen miteinander durch den Garten. Die Königin und die Prinzessin hopsen mit.

Gute Nacht

Familie Lenzmaier lebt in einem ehemaligen Bauernhaus, das sie vor ein paar Jahren gekauft und umgebaut haben. Hinter dem Haus ist ein großer Garten, in dem es noch alte Ostbäume gibt. Das ist ein herrlicher Platz zum Spielen. Deswegen kommen Ben und Leon gern hierher zu ihrem Freund Joshua. So auch heute. Weil es ziemlich warm ist, springen sie erst mal ins Planschbecken und spritzen sich gegenseitig nass. Dann kicken sie eine Weile und springen wieder ins Planschbecken, um sich abzukühlcn. Danach schaukeln und rutschen sie, bis Joshuas Papa in den Garten kommt.

»Papa, du sollst mit uns Fußball spielen!«, ruft Joshua. »Ich und du gegen Ben und Leon!«

»Ich weiß nicht …«

»Willst du kneifen?«, unterbricht ihn Joshua.

»Ich und kneifen? Niemals!«

Ein kleines Tor steht zwischen den Bäumen. Papa holt zwei Stangen aus dem Schuppen und rammt sie in den Boden. »Das ist unser Tor. Jetzt kann's losgehen!«

Es wird ein temporeiches Spiel, die drei Jungs sind mit Feuereifer dabei – bis Leon beim Stand von 3:3 von seinem Vater abgeholt wird.

Joshua und Ben springen noch mal ins Planschbecken.

Während sie sich abkühlen, kommt Joshuas Mama mit der kleinen Amelie auf dem Arm in den Garten und sagt zu Ben:

»Dein Papa hat gerade angerufen. Sie haben eine Autopanne und wissen nicht, wie lange es dauert, bis sie weiterfahren können. Er hat gefragt, ob du bei uns übernachten könntest …«

»Super!«, ruft Joshua.

Ben ist anzusehen, dass er sich nicht so freut wie Joshua. »Ich … äh … ich hab noch nie woanders übernachtet«, murmelt er.

»In meinem Zimmer ist Platz genug für uns beide«, sagt Joshua.

»Ich mache dir einen Schlafplatz, auf dem du bestimmt gut schlafen wirst«, sagt Papa.

Ben nickt nur.

Die kleine Amelie auf Mamas Arm plappert und jauchzt, als wolle sie sagen, dass sie das prima findet.

»Dann essen wir jetzt erst mal Abendbrot«, sagt Mama. »Ihr habt doch bestimmt Hunger und Durst.«

»Und wie!«, ruft Joshua.

»Anschließend kommt die *Sportschau* mit den Berichten von der Bundesliga«, sagt Papa. »Sollen wir uns die zusammen anschauen?«

»Ja!«, ruft Joshua.

Und auf die *Sportschau* freut sich auch Ben.

Danach machen sie sich fertig zum Schlafen. Ben bekommt einen Schlafanzug von Joshua. Papa hat für ihn neben Joshuas Bett ein Lager gemacht.

Als Joshua das sieht, sagt er: »Ich möchte auch auf dem Boden schlafen, direkt neben Ben.«

»Aber du hast doch …«

»Lass mal«, unterbricht Papa seine Frau, nimmt die Matratze kurzerhand aus Joshuas Bett und legt sie neben die andere auf den Boden.

»Danke, Papa!«, sagt Joshua und legt sich hin.

Ben legt sich neben ihn. So richtig wohl wie zu Hause fühlt er sich nicht, das ist ihm anzusehen.

»Und du darfst dich auch zu den beiden legen, solange ich eine Gutenachtgeschichte vorlese«, sagt Mama. Sie setzt Amelie zwischen die Jungs. Sofort krabbelt sie zu Joshua, patscht ihm ins Gesicht und zieht ihn kräftig am Ohr.

»He, das tut weh!«, sagt Joshua und dreht sich weg. Da wendet sich Amelie Ben zu und betrachtet ihn aufmerksam.

Mama liest die Geschichte von zwei Bärenkindern, die sich beim Spielen im Wald verlaufen. Zum Glück findet der Bärenpapa sie, bevor es dunkel wird, und trägt sie nach Hause, wo sie sofort einschlafen.

Amelie plappert zwischendurch und zieht abwechselnd Joshua und Ben an den Haaren und jauchzt vor Vergnügen.

»Papa, nimm sie mal, die nervt!«, sagt Joshua.

Doch statt Amelie auf den Arm zu nehmen, greift Papa nach seiner Gitarre und beginnt zu spielen. Sofort gibt Amelie Ruhe und lauscht.

Papa singt für die Kinder ein Gutenachtlied:

schlaft gut

1. Die Son-ne geht bald un - ter, der A-bend bricht he-rein, _

Ster-ne ste - hen am Him-mel und schau-en ins Zim-mer he-rein. _

Die Vö-gel sin-gen lei - se ihr schö-nes A - bend-lied, _ der

Mond ist auf - ge-gan-gen, da-mit man nachts bes-ser sieht. _____

Refrain
Schlaft gut, mei-ne Kin-der, schließt eu-re mü-den Au - gen.

En-gel wa-chen ü - ber euch, _ weil sie an euch glau - ben.

Träumt schön, mei-ne Kin - der, fliegt hi-nauf zum Mond, _ be-

sucht den hel - len Stern, _ der im Him-mel wohnt. ____

2.

Die Schäfchen stehen zusammen, ganz dicht hinterm Zaun,

die Maus huscht ins Loch, die Katz sitzt auf ihrem Baum.

Die Menschen gehen nach Hause und zünden Kerzen an,

Frösche fangen an zu quaken, dass man sie überall hören kann.

Refrain

3.

Wir freuen uns auf morgen, auf einen neuen Tag,

wir werden tanzen, singen, lachen, weil Gott uns mag.

Nun beten wir gemeinsam und danken ihm dafür,

ein kleines Vaterunser, er hat immer eine offene Tür.

Refrain

»Das war schön«, rutscht es Ben heraus.

»Danke«, sagt Joshuas Papa lächelnd.

Amelie holt tief Luft, so als habe sie während des Liedes kaum geatmet.

»Ihr hat das Lied anscheinend auch gefallen«, sagt Mama. Sie und Papa wünschen Joshua und Ben eine gute Nacht und löschen das Licht aus.

Die Jungs reden noch über Fußball. Joshua erzählt, dass er in einem richtigen Stadion spielen will, wenn er groß ist. Bald ist Ben nicht mehr bei der Sache, weil hier alles so anders riecht als in seinem Bett und weil er ständig unbekannte Geräusche hört.

»Was knarrt denn da immer?«, flüstert er.

»Hä?«

»Was da immer so knarrt?«, wiederholt Ben.

»Das sind nur die alten Holztreppen«, antwortet Joshua. »Wahrscheinlich bringt Mama Amelie ins Bett.«

»Ach so«, sagt Ben. Er lauscht in die Dunkelheit hinein. Nach einer Weile hört er Joshua gleichmäßig atmen und fragt leise: »Schläfst du?«

Joshua antwortet nicht.

Ben starrt an die unsichtbare Zimmerdecke. Plötzlich hört er Schritte und hält den Atem an. Tausend Gedanken schießen ihm durch den Kopf. Dazwischen dringt ein Wimmern und Weinen. Das ist bestimmt Amelie, denkt Ben. Oder weint da jemand anders?

Bevor er weiter darüber nachdenken kann, hört er leisen Gesang. Das Wimmern und Weinen verstummt und auch Ben wird ruhiger. Er will noch etwas denken, schafft es aber nicht mehr.

»He, aufwachen!«, ruft Joshua und rüttelt an Bens Arm.
Ben öffnet die Augen und schaut sich verwirrt um.
Joshua merkt es und sagt: »Du liegst nicht in deinem Bett, sondern in meinem Zimmer.«

Ben braucht noch ein paar Sekunden, bis ihm klar wird, wo er sich befindet. »Ich hab bei dir übernachtet«, murmelt er, und es klingt wie eine Frage.

»Genau.«

Langsam kommt die Erinnerung an gestern Abend wieder, an die Bärengeschichte, an das Lied, an die Angst in dem fremden Haus, an das Wimmern und Weinen und an das zweite Lied.

»Ich hab bei dir übernachtet«, sagt er noch einmal, und dabei huscht ein Lächeln über sein Gesicht.

»Und du bist ein richtiger Langschläfer«, sagt Joshua. »Los, aufstehn, das Frühstück ist fertig!« Er zieht Ben hoch und gemeinsam gehen sie nach unten.

Mit dir kann ich's

Emma gehört zu den Großen in der Mäusegruppe. Nach den Sommerferien ist die Kita-Zeit für sie zu Ende, dann kommt sie in die Schule.

Bei Leon dauert es noch ein Jahr, bis er in die Schule darf. Deswegen beneidet er Emma. Und auch, weil sie schon so viel weiß und kann, was er erst noch lernen muss. Manchmal hilft sie ihm dabei, so wie heute. Leon hat einen Webrahmen vor sich auf dem Tisch liegen und möchte einen kleinen Teppich weben. Aber seine Finger sind so zappelig, dass das Schiffchen immer wieder über oder unter zwei, drei Fäden gleichzeitig fährt.

»So ein Mist!«, schimpft er und schubst den Webrahmen wütend über den Tisch.

»Na, na, na!«, sagt Lisa, die junge Erzieherin, die erst seit ein paar Wochen in der Mäusegruppe ist. »Du darfst nicht so ungeduldig sein.«

»Ich bin nicht ungeduldig, aber das Schiffchen ist ganz blöd! Es tut nie, was ich will!«, meckert Leon.

»Ich helfe dir«, sagt Emma, die an der anderen Seite des Tisches sitzt und ein Bild malt. Sie nimmt den Webrahmen und setzt sich neben Leon.

»Das ist aber lieb von dir«, lobt Lisa sie.

Emma gibt Leon das Schiffchen in die rechte Hand und sagt: »Jetzt ganz langsam oben drüber, unten durch, oben drüber, unten durch. Und immer so weiter.«

Wenn es nötig ist, hebt sie einen Faden schnell ein bisschen an oder drückt ihn nach unten. So gelingt es Leon, das Schiffchen ohne Fehler durch die Fäden zu lenken.

»Mit dir kann ich's«, sagt er. »Aber du gehst ja bald in die Schule, dann kannst du mir nicht mehr helfen.«

»Du musst es eben noch lernen, solange ich hier bin«, erwidert Emma.

»Kannst du nicht hierbleiben, bis ich auch in die Schule darf?«

Emma tippt sich an die Stirn. »Dann wäre ich ja viel zu alt für die Kita.«

»Schade«, murmelt Leon.

»Wir sind doch auch noch da«, sagt Lisa.

»Ja, schon«, brummelt Leon. Es hört sich so an, als wolle er sagen: Aber Emma wird mir trotzdem fehlen.

Bis zum Frühstück ist Leons Teppich schon ein schönes Stück gewachsen. Nach dem Frühstück dürfen die Kinder draußen spielen. Das macht Leon lieber, als einen Teppich weben. Doch zuvor heißt es: Hausschuhe aus und Straßenschuhe anziehen! Einige Kinder haben Schuhe mit Klettverschlüssen, andere müssen ihre Schuhe zubinden. Die Großen können das schon selbst, die Kleinen nicht. Ihnen helfen die beiden Erzieherinnen.

Leon versucht es allein, und zwar so, wie seine Mama es ihm gestern und heute Morgen gezeigt hat. Und er weiß auch noch ihren Spruch:

Hasenohr, Hasenohr,
über Kreuz und eins durchs Tor.

Obwohl er sich viel Mühe gibt, klappt es nicht.

»Blödes Hasenohr!«, schimpft er und zieht so fest an den Schnürbändern, dass es einen Knoten gibt. »Du bist überhaupt kein Hasenohr! Und wo soll da ein Tor sein?« Aus lauter Wut reißt er den Schuh vom rechten Fuß und feuert ihn auf den Boden.

»Leon, was soll denn das?«, fragt Lisa.

»Die Schuhbänder sind ganz blöd, die werden einfach keine Schleife!« Er ist den Tränen nahe.

»Warte, ich helfe dir gleich«, sagt Lisa.

»Nein, nicht du, Emma soll mir helfen!«, ruft Leon. »Die kann das.«

Emma hört es, stellt sich vor Leon hin und schaut ihn an.

»Du sollst mir die Schuhe binden!«, sagt er.

Emma rührt sich nicht.

»Hast du nicht gehört?«, fragt Leon.

»Doch«, antwortet Emma, rührt sich aber immer noch nicht und schaut Leon weiter an.

Lisa beobachtet die beiden und plötzlich zieht ein Lächeln über ihr Gesicht.

»Und warum bindest du mir die Schuhe dann nicht?«, fragt Leon vorwurfsvoll.

»Rate mal!«

»Ich will nicht raten!«

»Und ich will dir die Schuhe nicht binden.« Emma dreht sich um und geht weg.

»Bitte!«, ruft ihr Leon hinterher.

Emma stoppt und kommt zurück. Wortlos hockt sie sich vor Leon hin und bindet den linken Schuh zu.

»Bei dir sieht das ganz einfach aus«, murmelt Leon. »Wenn du mir hilfst, kann ich es bestimmt selber. So wie das Weben. Zeig es mir – bittc«, fügt er noch hinzu.

Emma greift nach dem rechten Schuh und versucht, den Knoten zu öffnen, schafft es aber nicht. »Lisa, ich krieg den Knoten nicht auf.«

»Na, dann wollen wir mal sehen, ob ich es schaffe«, sagt Lisa. Mit etwas Mühe gelingt es ihr und Leon schlüpft in den Schuh.

Dann streckt er Emma den Fuß entgegen und guckt sie erwartungsvoll an.

Emma kniet auf den Boden und zeigt Leon ganz langsam, wie er die zwei Schnürbänder halten und führen muss, dass am Ende zwei ähnlich große Schleifen entstehen. Zweimal führt sie es vor, ganz ohne Spruch mit Hasenohr. Dann probiert Leon es, und Emma sagt ihm, wenn er etwas falsch macht. Beim dritten Versuch klappt es. Die eine Schleife ist zwar größer als die andere, aber es sind zwei Schleifen und der Schuh ist zu.

»Yippiiie!«, ruft Leon und tanzt wie das Rumpelstilzchen durch den Vorraum. Doch plötzlich bremst er ab, geht zu Emma und streckt ihr die Hand entgegen. »Danke«, sagt er. Dann läuft er hinaus, um den anderen Kindern zu erzählen, dass er nun die Schuhe selber binden kann.

Herbstzeit

Am   D

1. Wenn die Wäl-der bun-ter wer - den und die

G   Am

Vö-gel in den Sü - den ziehn,_ schleicht sich der Herbst in un -

D   G

- ser Land, wir freu-en uns schon sehr_ auf ihn._

Am   D

_ Küh-ler wird der A-bend-wind,_ der

G   Am

Wald-weg liegt im Blät - ter-meer._ Tie-re sam-meln

D   G   G

Vor - rä - te,_ lau-fen eif-rig hin_ und her._

Refrain Am   D   Am   D

Herbst-zeit,_ schö-ne Zeit,_ wir freu-en uns so sehr,_

2.

Rot leuchten die Vogelbeeren,

ein Igel baut sein Versteck.

Erntedankfest wird gefeiert,

Altare sind mit Früchten bedeckt.

Wenn die Wälder bunter werden

und die Vögel in den Süden ziehn,

schleicht sich der Herbst in unser Land,

wir freuen uns schon sehr auf ihn.

Refrain

Bis in den Himmel

Am Samstagnachmittag bläst der Herbstwind die Blätter von den Bäumen und wirbelt sie durch die Luft.

»Papa, jetzt kann man Drachen steigen lassen!«, ruft Felix durchs Haus.

»Ich will auch einen Drachen steigen lassen«, sagt Sophie.

Papa holt Felix' Drachen vom Dachboden, wo er seit letztem Herbst an einem Balken hängt. Für Sophie baut er einen neuen.

»Das dauert mir zu lange«, sagt Felix und geht mit seinem Drachen aus dem Haus.

Papa gibt sich viel Mühe, damit Sophies Drachen schön wird.

Zum Schluss malt sie selbst noch ein lachendes Gesicht auf die Vorderseite und tauft ihn Simsasu. Als sie damit fertig ist, hat der Wind deutlich nachgelassen.

»Hm«, sagt Papa vor der Haustür. »Jetzt ist der Wind zu schwach. Heute kannst du deinen Simsasu leider nicht mehr fliegen lassen.«

»Schade«, murmelt Sophie.

Am Abend stellt sie ihren Drachen so auf einen Stuhl, dass sie ihn vom Bett aus sehen kann. »Gute Nacht, lieber Simsasu«, sagt sie. »Ich wünsch mir ganz fest, dass es morgen windig ist. Dann darfst du fliegen.«

Am nächsten Tag bläst der Wind wieder stärker. Sophie und Felix freuen sich. Sie nehmen ihre Drachen und gehen mit Papa auf die abgemähte Wiese hinter dem Sonnenbach. Dort

sind auch schon Emma, Leon und Joshua mit ihren Drachen. Felix rennt sofort los und gibt seinem Drachen Schnur, damit er in die Höhe steigen kann. Es klappt gleich beim ersten Start.

Sophie flüstert Simsasu etwas ins Ohr, bevor Papa mit ihm losläuft. Als der Wind Simsasu trägt, gibt Papa Sophie die Spule mit der Schnur in die Hand.

»Aber gut festhalten«, sagt er, »sonst fliegt dein Simsasu weg.« Sophie nickt.

Sie rollt die Spule langsam auf, und je höher ihr Drachen steigt, desto heftiger zieht und zerrt er an der Schnur.

»Die Schnur ist zu Ende, Simsasu«, sagt Sophie nach oben. »Möchtest du denn noch höher fliegen?«

Simsasu flattert so wild, als wolle er *Ja* sagen. Da lässt Sophie die Schnur einfach los.

»Sophie!«, ruft Papa. »Warum hast du denn die Schnur losgelassen? Jetzt ist dein Drachen weg.«

»Sie ist halt noch zu klein dafür«, meint Felix.

Sophie schaut hoch und sieht ihren Drachen immer höher steigen. »Flieg, Simsasu, flieg bis in den Himmel«, sagt sie so leise, dass Papa und Felix es nicht hören können.

Unser Bach

Felix, Joshua, Emma und Olivia treffen sich an der Brücke. Alle vier haben kleine Schiffe dabei, die sie heute schwimmen lassen wollen. Sie gehen zu der Stelle, wo man gut an den Sonnenbach rankommt. Als Olivia ihr Schiff aufs Wasser setzen will, rutscht sie aus und landet mit einem Bein und dem halben Po im Wasser.

Felix lacht.

»Du brauchst gar nicht so blöd zu lachen!«, ruft Olivia. »Du bist bestimmt auch schon mal da reingefallen.«

»Nicht nur ein Mal«, gibt Felix zu.

»Na, siehst du.«

»Aber du hast gezappelt wie ein Fisch an Land, das hat so lustig ausgesehen«, sagt Felix.

Olivia streckt ihm die Zunge raus. Dann zieht sie ihr Schiff ans Ufer und sagt: »Der Schuh und die halbe Hose sind nass, ich lauf schnell nach Hause und zieh mich um.«

»Ich passe solange auf dein Schiff auf«, sagt Emma.

Als Olivia zurückkommt, schwimmen die Schiffe der anderen schon. Damit sie nicht abgetrieben werden, haben die Kinder sie an Schnüre gebunden.

Vorsichtig lässt Olivia nun auch ihr Schiff ins Wasser und diesmal passiert nichts.

Mit den angeleinten Schiffen gehen sie ein Stück am Ufer entlang. Dabei fällt ihnen auf, dass allerlei im Bach liegt, was nicht hineingehört: Flaschen, Dosen, Plastiktüten und Joghurtbecher.

»So eine Schweinerei!«, schimpft Emma. »Die Leute werfen die Sachen einfach in den Bach.«

»Das dürfen sie doch nicht«, sagt Joshua.

Felix beugt sich vor und erwischt eine Plastiktüte, die an einem Stein hängen geblieben ist. »Aber sie tun es trotzdem, das siehst du ja«, sagt er.

»Wir müssen unserem Bach helfen«, murmelt Joshua.

»Wie helfen?«, fragt Emma.

»Die Sachen da rausholen«, antwortet er und zeigt auf einen vorbeischwimmenden Joghurtbecher.

»Das schaffen wir nicht«, sagt Emma. »Und sowieso …«

»Mein Papa hilft uns bestimmt dabei«, unterbricht sie Joshua.

»Meine Mama auch«, sagt Olivia.

Sie beschließen, ihre Eltern zu fragen, ob sie beim Bachputzen mithelfen – und zwar jetzt gleich!

Jetzt gleich hat nur Herr Lenzmaier Zeit. Und weil er merkt, wie wichtig den Kindern die Sache ist, nimmt er sich auch die Zeit. Er holt einen Kescher aus dem Schuppen und bringt Stöcke für die Kinder und ein paar Müllsäcke mit. Dann ziehen alle Gummistiefel und Schutzhandschuhe an und machen sich an die Arbeit.

Außer Flaschen, Dosen, Plastiktüten und Joghurtbecher fischen sie noch zwei leere Farbeimer, Schuhe, Puppen, Kartons, Kissen und einen Fahrradreifen heraus.

»Die Leute spinnen wohl!«, sagt Felix. »Der Bach ist doch kein Müllplatz.«

»Stimmt, aber das sehen manche Leute leider anders«, sagt Herr Lenzmaier.

»Warum werfen die solche Sachen in den Bach?«, fragt Joshua. »Wissen die denn nicht, dass das verboten ist?«

»Natürlich wissen sie es«, antwortet sein Papa. »Aber für sie ist das am einfachsten und am billigsten. Der Bach ist ihnen egal. Hauptsache, sie sind ihren Müll los.«

Drei Müllsäcke werden voll, dann ist der Bach wieder sauber. Jedenfalls das Stück hinter den Häusern der Sonnenbachstraße. Und die vier Kinder nehmen sich vor, ihren Bach in Zukunft genau zu beobachten und zu beschützen.

Mein Schnuffeltuch ist weg!

Es ist höchste Zeit fürs Bett. Aber Ben kann sein Schnuffeltuch nicht finden. Und Mama kann ihm nicht beim Suchen helfen, weil sie bei einer Sitzung ist. Papa ist zwar da, aber der ist schlecht im Suchen. Mama ist eine super Sucherin und findet immer alles, Papa findet nichts. Also muss Ben sein Schnuffeltuch alleine suchen. Und das dauert eben ziemlich lange.

Papa wartet schon ungeduldig im Kinderzimmer. »Ben, wo bleibst du denn?«, ruft er.

»Ich brauche mein Schnuffeltuch«, hört er Ben antworten. »Ohne mein Schnuffeltuch kann ich nicht schlafen.«

»Jeden Abend das Gleiche«, brummt Papa vor sich hin und überlegt, ob er Ben beim Suchen helfen oder sich lieber aufs Bett legen und ein wenig dösen soll. Bevor er sich entschieden hat, kommt Ben mit seinem Schnuffeltuch in der Hand angeschlurft und sagt vorwurfsvoll: »Es war im Bad bei der schmutzigen Wäsche! Aber mein Schnuffeltuch darf man nicht waschen, sonst riecht es gar nicht mehr nach mir!«

»Und wenn es nicht gewaschen wird, dann stinkt es«, erwidert Papa schon leicht gereizt.

»Mein Schnuffeltuch stinkt nicht, weil ich auch nicht stinke!«, ruft Ben empört. Er drückt es sich unter die Nase und atmet extratief ein. »Es riecht gut, so wie ich.«

»Okay, okay«, sagt Papa, damit die Diskussion zu Ende ist. »Dann kannst du jetzt ja endlich ins Bett.«

»Ja, weil ich mein Schnuffeltuch habe.«

Papa schlägt das Buch auf, das er schon die ganze Zeit in der Hand hat, und liest Ben eine Gutenachtgeschichte vor, eine

ziemlich kurze. Nach dem letzten Satz klappt er das Buch zu und sagt: »Gute Nacht, mein Schatz!«

Als er aufstehen will, hält ihn Ben an der Hose fest. »Du sollst noch nicht gehen.«

»Ben, es ist höchste Zeit zum Schlafen!«

»Ich will aber nicht alleine schlafen«, nuschelt Ben.

»Du bist doch nicht allein«, sagt Papa. »Du hast dein Schnuffeltuch und deine Kuscheltiere sind auch bei dir.«

»Aber du …«

»Ich bin nebenan im Wohnzimmer«, unterbricht ihn Papa. »Ich lasse auch die Tür einen Spaltbreit offen, dann kannst du mich hören.«

Ben dreht sich zur Wand und schnuffelt in sein Schnuffeltuch.

Dabei merkt er gar nicht, dass Papa leise aus dem Zimmer geht.

Wer ist gemeint?

(G)   **C**   **G**

1. Uns-re   Ar-me sind sehr kurz, uns-re   Bei-ne   auch, _   wir

Am   **Em**

ha-ben kei-ne Klei-der, a-ber   Po   und   Bauch. _   Wir

F   **G**   **C**   G^{sus4} **G**

ha-ben ei-nen Kopf mit Au - gen, Na - se und Mund. _   Wir

C   **G**

schme-cken mal nach Ap - fel, mal nach   A - na - nas, _   wir

Am   **Em**

le - ben in der Tü - te   und _   nicht im   Glas. _   Uns

F   **Dm**   G^{sus4} **G**

gibt's in vie-len For-men und wir ___ sind ziem - lich bunt. _

Refrain   **F**   **G**   **Am**

Kin - der, Kin - der, Kin - der, Kin - der,   ra - tet   mal, _

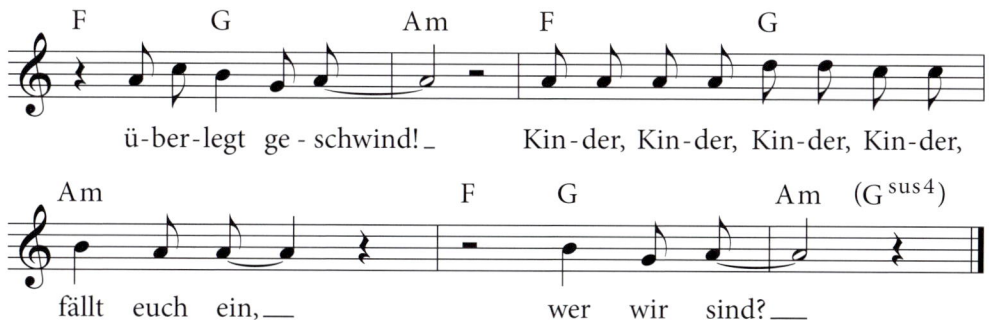

ü-ber-legt ge-schwind! _   Kin-der, Kin-der, Kin-der, Kin-der,

fällt euch ein, __   wer wir sind? __

2.

Wir kosten nicht viel Geld und brauchen nicht viel Platz,

für viele Menschen sind wir wie ein kleiner Schatz.

Nur manche halten uns für völlig ungesund.

Doch bei Kindern sind wir kleine Wesen sehr beliebt,

die meisten sind sehr froh, dass es so viele von uns gibt.

Alle andern stecken uns heimlich in den Mund.

Refrain

Gummibärchensuppe

Emma steht am Fenster und schaut hinaus auf die Sonnenbachstraße. Bei dem Schmuddelwetter ist draußen kein Mensch zu sehen.

»Heute können wir nicht raus zum Spielen«, murmelt sie enttäuscht.

»Ist doch egal, dann machen wir einfach hier was zusammen«, erwidert Olivia, die auf Emmas Bett sitzt.

Emma wirkt ziemlich lustlos.

»Na, komm!«

»Und was?«, fragt Emma.

Olivia überlegt und plötzlich zieht ein Lächeln über ihr Gesicht. »Habt ihr Jelly Babies?«

»Hä?«

»Ob ihr Jelly Babies habt?«

»Spinnst du?« Emma tippt sich an die Stirn. »Du weißt doch genau, dass ich keine Geschwister habe.«

Jetzt muss Olivia lachen. »Jelly Babies sind doch keine Geschwister!«

»Was dann?«

»Gummibärchen!«, antwortet Olivia. »In Amerika heißen Gummibärchen Jelly Babies.«

»Jelly Babies«, wiederholt Emma. »Das ist ja ein lustiger Name.«

»Habt ihr nun Jelly Babies oder nicht?«

»Warte«, sagt Emma, geht aus dem Zimmer und kommt wenig später mit einer Tüte Gummibärchen zurück. »Hier hast du deine Jelly Babies.«

»Super!«, freut sich Olivia.

»Und mit denen willst du spielen?«

Olivia kichert. »Nicht spielen; wir machen eine Jelly Babies-Suppe ... Äh, nein, wir sind ja in Deutschland, dann machen wir eine Gummibärchensuppe.«

»Gummibärchensuppe?«, wundert sich Emma. »Das hab ich ja noch nie gehört, dass man aus Gummibärchen Suppe machen kann.«

»Ich hab das in den USA oft gemacht und sie schmeckt sehr lecker«, sagt die kleine Amerikanerin.

Die Mädchen gehen in die Küche. Emma holt einen Topf aus dem Schrank. Olivia hält ihn unter den Wasserhahn und lässt ein wenig Wasser hinein. Dann stellt sie den Topf auf den Herd, schüttet die Packung Gummibärchen ins Wasser und dreht den Drehregler vorsichtig auf 3.

»Was macht ihr denn da?«, fragt Emmas Mama, die eben in die Küche kommt.

»Jelly Babies-Suppe«, antwortet Emma.

»Bitte was?«

»Jelly Babies-Suppe. Das ist englisch und heißt Gummibärchensuppe«, erklärt Olivia.

»So, so.« Emmas Mama schaut in den Topf. »Bei dem Schmuddelwetter ist eine warme Suppe eigentlich nicht schlecht. An eine Gummibärchensuppe habe ich dabei allerdings nicht gedacht«, fügt sie kopfschüttelnd hinzu.

»Man muss immer schön umrühren, sonst bleiben die Dinger kleben«, sagt Olivia.

Innerhalb weniger Minuten zieht ein süßlicher Duft durchs Haus.

Olivia rührt mit dem Kochlöffel so lange, bis sich die Gummibärchen aufgelöst haben. Dann schaltet Emmas Mama den Herd aus und trägt den Topf zum Esstisch.

»Und wie isst man die Gummibärchensuppe?«, fragt Emma.

»Entweder mit dem Löffel oder man tunkt sie mit Keksen auf«, antwortet Olivia.

Emma holt Teller und Löffel. Dann probieren die Mädchen, wie die Suppe schmeckt.

»Mhm, lecker«, sagt Emma.

Mama scheint zu überlegen – setzt sich zu den Mädchen an den Tisch und probiert ein wenig von der klebrigen Brühe. »Sehr süß«, sagt sie und verzieht das Gesicht. »Mir ist das *zu* süß. Aber Schleckermäulchen wie euch schmeckt so eine Gummibärchensuppe natürlich.«

»Genau!«, sagen die Mädchen und leeren ihre Teller.

Dann springen sie auf und laufen hinaus.

»Und wer räumt jetzt auf?«, ruft Emmas Mama ihnen hinterher.

Von den Mädchen ist nichts mehr zu sehen oder zu hören.

Wer traut sich?

Mit dem ersten Schnee des Winters haben die Kinder der Sonnenbachstraße schon mehrere Schneemenschen und kleinere Schneetiere gebaut.

Nun nehmen sie sich noch etwas ganz Besonderes vor: einen großen Schnee-Elefanten. Den wollen sie mitten auf den Bolzplatz stellen. Dass es ein Elefant werden soll, sieht man nach einiger Zeit an dem Rüssel, den Branko und Alkim immer länger machen. Sophie und Mia wollen ans Hinterteil ein Schwänzchen hängen. Felix und Olivia versuchen, Elefantenohren zu formen. Aber das klappt nicht. Und als der Rüssel dann auch noch abbricht, geben die Kinder auf.

»Blöder Elefant!«, schimpft Branko und tritt ihm gegen das linke Vorderbein.

Der Elefant kippt nach vorne links und wird zu einem Schneehaufen. Die Kinder schauen die Reste ihres Werkes einen Moment an, dann hüpft Branko hinein und Alkim folgt ihm.

»Du wirst nie mehr ein Elefant!«, ruft Branko.

»Und auch kein Löwe!«, ruft Alkim.

»Spinner«, sagt Olivia.

»Ich habe keine Lust mehr«, murmelt Felix und geht.

Auf der Brücke bleibt er stehen und schaut auf den zugefrorenen Sonnenbach hinunter. Dann formt er einen Schneeball und wirft ihn nach unten. Nichts passiert.

»He, kommt mal alle her!«

Die andern kommen angelaufen und wollen wissen, was es zu sehen gibt. Felix antwortet nicht, macht noch mal einen extragroßen Schneeball und wirft auch ihn nach unten.

»Na, merkt ihr was?«

Die Kinder wissen nicht, was Felix meint.

»Der Schneeball hat kein Loch ins Eis gemacht wie noch letzte Woche«, sagt Felix. »Das Eis hält. Kommt mit!«

Branko möchte selbst überprüfen, ob das stimmt. Er nimmt einen kleinen Stein und wirft ihn hinunter. Der Stein prallt vom Eis ab und hüpft weiter.

»Du hast recht«, sagt Branko zu Felix.

Sie laufen ans Ufer des Baches und testen vorsichtig mit den Füßen, ob es auch wirklich hält.

Olivia entdeckt einen abgebrochenen Ast und schlägt damit aufs Eis. Auch die Schläge hält es aus.

»Wer traut sich?«, fragt sie.

Alle schauen Felix an, weil er der Älteste ist und sich manchmal als Anführer der Kinder in der Sonnenbachstraße aufspielt.

»Ich … ich … ich bin zu schwer«, sagt er. »Zuerst muss es jemand Leichteres probieren.«

Aber wer?

Die Kinder reden eine Weile hin und her, bis es Branko schließlich zu dumm wird. Er setzt vorsichtig einen Fuß aufs Eis und dann den zweiten. Alle halten den Atem an – aber nichts passiert. Branko macht kleine Schritte vom Ufer weg bis zur Mitte des Baches. Langsam wird er mutiger und macht größere Schritte. Die andern beobachten ihn immer noch angespannt.

»Es hält! Ich kann auf dem Eis gehen!«, ruft Branko schon etwas übermütig und dreht sich einmal um sich selbst.

Das ist wie ein Zeichen. Nun wagen sich auch Felix, Olivia, Alkim und Sophie aufs Eis.

Nur Mia traut sich nicht und ruft den anderen zu: »Kommt lieber zurück bevor es bricht und ihr ertrinkt!«

Branko lacht. »In diesem Bach kann niemand ertrinken, du Angsthase. Dazu ist er gar nicht tief genug.«

»Wir dürfen aber nicht zu dicht nebeneinander gehen!«, sagt Felix. »Sonst sind wir zu schwer.«

Weil das Eis weder knackt noch sonst ein Anzeichen zu erkennen ist, dass es brechen könnte, bewegen sich die Kinder bald freier.

»Ich hole jetzt meine Schlittschuhe«, sagt Olivia. »Wer macht …«

In diesem Augenblick rutscht Alkim aus, will sich noch an Sophie festhalten, reißt sie mit sich um und beide landen auf dem Po. Mit einem unheimlichen Geräusch bricht ein Stück Eis unter Alkim weg, sodass sein Po im Wasser hängt. Nach einer Schrecksekunde schreit er: »Hilfe! Hilfe!«

»Ich hab's ja gleich gesagt!«, ruft Mia und läuft schnell davon, um Hilfe zu holen.

Doch Alkim dreht sich schon auf die Seite, damit sein nasser und kalter Po aus dem Wasser kommt. Dann krabbelt er auf allen vieren zum Ufer, wobei er eine nasse Spur hinter sich herzieht. Das sieht so komisch aus, dass Felix und Branko lachen müssen.

Olivia lacht nicht. Sie denkt daran, wie sie im Sommer hier ausgerutscht und auch mit dem Po im Wasser gelandet ist.

»Ihr seid gemein!«, sagt sie zu Felix und Branko. »Ich möchte euch mal sehen, wenn ihr eingebrochen wärt und eine nasse Hose hättet.«

»Dann würde ich jetzt schnell nach Hause laufen und sie ausziehen«, sagt Felix.

Genau das tut Alkim. Wobei laufen nicht das richtige Wort ist; man könnte es eher ein breitbeiniges Watscheln nennen, weil seine Hose in der Kälte immer steifer und unbeweglicher wird. Darüber muss sogar Olivia lachen.

Die Kinder gehen vorsichtig übers Eis und sind froh, als sie am Ufer stehen. Für heute reicht es allen, was sie erlebt haben. Und morgen ist ein neuer Tag.

Alle sind gespannt

»Mama, backen wir heute die Plätzchen fürs Wichteln?«, fragt Lea am Samstagmorgen.

Mama nickt. »Ich habe den Teig schon gemacht, wir können gleich anfangen.«

Lea freut sich und steigt schnell auf einen Stuhl. Mama streut Mehl auf den Tisch, legt den Teigklumpen drauf und drückt ihn mit den Händen flach. Dann darf Lea den Teig ausrollen.

Mama holt Förmchen zum Ausstechen aus dem Schrank und Lea drückt eines nach dem andern in den Teig. Es gibt Sterne, Tannenbäume, Herzen und Engel.

»Sehr schön!«, lobt Mama ihre Tochter, legt die Plätzchen auf ein vorbereitetes Backblech und schiebt es in den Ofen.

Nach ein paar Minuten schnuppert Lea. »Hm, wie das duftet!«

Mama lächelt.

Die frisch gebackenen Plätzchen bestreicht Lea noch mit einem Zuckerguss, auf den sie zum Schluss verschiedene Schokostreusel streut. Dann füllt sie eine Tüte und bindet sie zu. »Jetzt sind für uns auch noch welche übrig.« Sie schiebt sich ein Plätzchen in den Mund. »Lecker«, sagt sie und reibt sich den Bauch.

Als es zu dämmern beginnt, geht Lea mit ihrer Mama hinaus auf die Straße. Dort hat Herr Singer diesmal keinen Grill, sondern eine Feuerschale aufgestellt, in der das brennende Holz knackt und knistert. Ein paar Erwachsene stellen Bänke um die Feuerschale herum. In den Vorgärten leuchten Lichterketten an Sträuchern und kleinen Bäumen. Und eine Tanne ist wie ein Weihnachtsbaum geschmückt.

Lea bleibt stehen und schaut mit großen Augen.

Emilie kommt angelaufen und nimmt ihre Freundin an der Hand. »Bist du auch so gespannt auf das Wichteln wie ich?«

Lea nickt.

Auch die anderen Kinder können es kaum erwarten, bis es endlich losgeht. Als alle Päckchen auf einem Tisch liegen, zieht jedes Kind einen Zettel mit einer Zahl drauf aus einem Eimerchen.

»Ich hab die 1!«, ruft Branko.

Also darf er als Erster ein Päckchen auswählen. Er greift mal nach diesem, mal nach jenem, kann sich aber lange nicht entscheiden.

»Nun mach schon!«, sagt Emilie. »Wir wollen auch noch drankommen!«

Alle kommen dran, und alle sind sehr gespannt, was in ihrem Päckchen wohl drin ist.

Ben erwischt Leas Plätzchen und probiert gleich eins. »Hm, die sind gut«, sagt er und schiebt noch eins in den Mund.

»Die hab ich mit meiner Mama gemacht«, rutscht es Lea heraus.

»Psst!«, macht Emilie und legt einen Finger an den Mund. »Das darfst du doch nicht verraten!«

»Das macht doch nichts«, sagt Ben.

Nach dem Wichteln setzen sich alle um das wärmende Feuer. Es gibt Kinderpunsch, Glühwein, Lebkuchen, Plätzchen – Lieder und Geschichten.

Doch plötzlich verstummen die Gespräche, alle Augen schauen in eine Richtung und alle sehen Herrn Beierlein näher kommen.

»Der hat uns gerade noch gefehlt«, murmelt jemand.

»Jetzt gibt's Ärger«, meint Frau Lepski.

Herr Beierlein trägt etwas vor sich her, bleibt neben Bens Vater stehen und räuspert sich. »Guten Abend zusammen.« Er räuspert sich noch einmal, als habe er sich verschluckt. »Äh … ich … ich habe einen Christstollen gebacken … nach einem Rezept von meiner Mutter«, fügt er leise hinzu. »Den möchte ich … äh … Sie dürfen sich alle davon nehmen.«

Die Kinder sind ebenso überrascht wie die Erwachsenen, sodass einen Moment lang völlige Stille herrscht.

Frau Weiß fängt sich als Erste und sagt: »Das ist aber nett von Ihnen. Setzen Sie sich doch zu uns.«

Herr Beierlein wirkt unsicher, schaut sich um und legt den Stollen auf den Tisch neben einen Teller mit Lebkuchen und Plätzchen.

Am Feuer rücken alle ein wenig zusammen, damit Herr Beierlein auch noch Platz findet.

»Kommst du jetzt immer, wenn wir auf der Straße ein Fest machen?«, fragt Mia.

»Wenn ich darf«, antwortet Herr Beierlein.

Mia guckt ihn an. Dann nickt sie. »Du darfst.«

Damit löst sie die Spannung, die seit dem Auftauchen von Herrn Beierlein spürbar war.

Herr Lenzmaier greift nach seiner Gitarre, stimmt sie kurz und sagt: »Jetzt passt ein Lied, das ich neulich für diese Zeit gemacht habe:

Eine besondere Zeit

1. Der Ad - vent ist ei - ne be - son - de - re Zeit,   al - le Jah - re

wie – der,   es   gibt   so   vie - le   Ge - heim - nis - se,   der

Ni - ko - laus   reckt   sei - ne   Glie – der.   Es

duf - tet   nach   Plätz - chen   und   Ker - zen,   wie   al - le   Jah - re

wie – der,   in   den   Häu - sern   er - klin - gen   nun   die

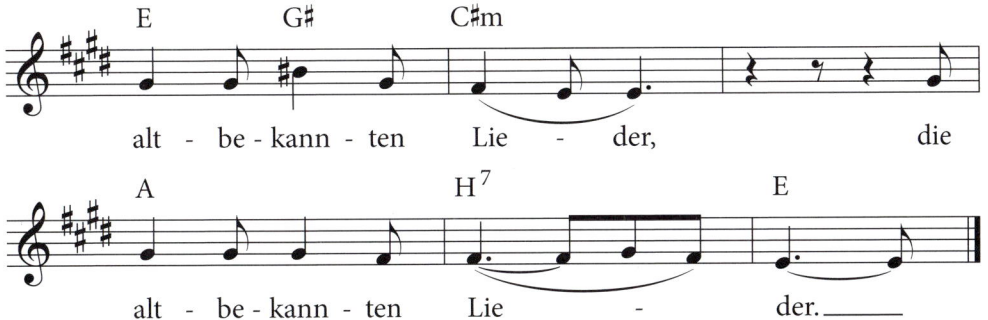

alt - be - kann - ten   Lie - der,   die

alt - be - kann - ten   Lie -   der._____

2.

Der Advent ist eine besondere Zeit,
alle Jahre wieder,
der Stern von Bethlehem leuchtet uns
und strahlt auf die Erde nieder,
die Menschen sind jetzt stiller,
wie alle Jahre wieder,
in den Häusern erklingen nun
die altbekannten Lieder,
die altbekannten Lieder.

3.

Der Advent ist eine besondere Zeit,
alle Jahre wieder,
es gibt den schönen Weihnachtsbaum,
alle sind jetzt wie Brüder.
Kinderaugen leuchten hell,
wie alle Jahre wieder,
in den Häusern erklingen nun
die altbekannten Lieder,
die altbekannten Lieder.

Manfred Mai wurde 1949 in Winterlingen auf der Schwäbischen Alb geboren und wuchs mit zwei Schwestern auf einem Bauernhof auf. Damals gab es vieles, was er wichtiger fand als Bücher zu lesen: Er spielte lieber Fußball, baute mit seinen Freunden Hütten und erforschte Höhlen. Über den zweiten Bildungsweg erhielt er die Hochschulreife, studierte Pädagogik und unterrichtete an verschiedenen Realschulen. Nebenher schrieb er Geschichten und Gedichte und veröffentlichte seine ersten Bücher. Nach acht Jahren gab er den Lehrerberuf auf und wurde Schriftsteller. Seither sind rund 150 Bücher erschienen. Manfred Mai zählt zu den bedeutendsten Kinder- und Jugendbuchautoren in deutscher Sprache. Er lebt mit seiner Frau in Winterlingen und hat zwei erwachsene Töchter.

Martin Lenz wurde 1971 in Winnenden bei Stuttgart geboren und wuchs mit drei Geschwistern auf. Schon als Schüler bekam er seine erste Gitarre und machte Musik. Während und nach seiner Mechanikerlehre besuchte er sieben Jahre lang eine private Gesangsschule und lernte auch professionell Gitarre spielen. Seither tritt Martin Lenz regelmäßig mit seiner Band auf.
2008 begann die Zusammenarbeit mit dem Schriftsteller Manfred Mai; ein Jahr später legten sie ihre erste CD vor. Es folgten Lesekonzerte für Erwachsene, später auch »Musikalischen Lesungen« für Kinder und mehrere Bücher. Martin Lenz lebt mit seiner Frau in Winterlingen; er hat einen kleinen Sohn.

Leonard Erlbruch wurde 1984 in Wuppertal geboren. Bereits als Schüler durfte er in den Beruf des Illustrators hineinschnuppern. Nach dem Abitur zog er nach Leipzig, um sein Studium der Illustration an der Hochschule für Grafik und Buchkunst zu beginnen.
2013 absolvierte er dort sein Diplom. Seitdem arbeitet er als freischaffender Illustrator und lebt mit seiner Familie in Leipzig. Mit seinen beiden kleinen Kindern ist er, ähnlich wie die Kinder der Sonnenbachstraße, an den vielen Kanälen und Seen Leipzigs unterwegs.

Katrin Hartmann (Hrsg.)
Ein kleines bisschen anders
Mit farbigen Bildern von Petra Eimer
Hardcover, 136 Seiten (ab 3), Gulliver 74540

Jedes Kind ist etwas ganz Besonderes. Juli hört gar nicht mehr auf zu quasseln, Lia spricht nur mit Tieren und Youssry redet gar nicht, weil ihn sowieso keiner versteht. Mädchen können echt doof sein. Aber Jungs auch! Manchmal ist man ganz klein vor Furcht und manchmal so mutig, dass man sogar anderen helfen kann. 30 Geschichten von Kirsten Boie, Britta Nonnast, Fredrik Vahle und vielen mehr erzählen von Unterschieden und Gemeinsamkeiten und davon, dass man gut so ist, wie man eben ist.

Meike Blatzheim (Hrsg.)
Geschichten für Kita-Knirpse
Mit farbigen Bildern von Lena Ellermann
Hardcover, 144 Seiten (ab 3), Gulliver 74464

Wie aufregend der erste Tag in der Kita ist! Wie schön, einen Freund oder eine Freundin zu finden. Sich streiten und wieder vertragen, draußen spielen, Geschichten erfinden, Feste feiern – 33 witzige und ernste, spannende, bewegende und fantasievolle Vorlesegeschichten von Manfred Mai, Antonia Michaelis, Kirsten Boie, Fredrik Vahle und vielen anderen mehr erzählen von all dem, was für Kita-Knirpse wichtig ist. Die fröhlichen Bilder von Lena Ellermann laden zum Schauen und Staunen ein.

GULLIVER www.beltz.de
Beltz & Gelberg, Postfach 10 01 54, 69441 Weinheim

♪ ♪ Lieder-CD